KB078673

로봇 선생님 가라사대

로봇과 교육혁명

차례
C o n t e n t s

03프롤로그: 로봇 선생님의 성장과정 17로봇, 난 하나의 교사!
46로봇 선생님의 지력혁명 53로봇 선생님의 미래 86에필로그:
통합을 넘어 융합으로

프롤로그: 로봇 선생님의 성장과정

로봇 탄생 X: 산업용 로봇

사람이 태어나서 성장하면서 기본적인 자질과 인품을 점차적으로 갖추어 가듯, 로봇 선생님도 처음부터 교사로봇으로서의 기능을 수행할 수 있었던 것은 아니다. 현재는 과거의 결과이고 미래는 현재의 결과라고 했는가. 로봇 선생님의 과거, 현재, 그리고 미래의 인과관계 방정식을 풀기 위해, 먼저 '로봇 탄생 X + 로봇 성장 Y + 교육(教育) = 로봇 선생님'의 근을 구해 보고자 한다.

'로봇'이 체코어의 '일한다(robota)'라는 말에 어원을 두고, 그 뜻이 '작업자'로 해석되었던 것처럼 초창기 로봇은 인간의 단순한 노동력을 대신하기 위한 수단에 불과했다. 산업 현장에서의 최초의 로봇은 1962년 미국의 자동차 회사 GM이 사용한 유니메이션 사(Unimation Inc.)의 '유니메이트(Unimtate)'라는 산업용 로봇이었는데, 실제 생산라인에 투입되어 물건의 이송, 물건의 용접 및 조립, 검사 등에 사용되었다. 특별히, 공정 중에 방사되는 열과 연기 때문에 사람의 근접이 어려운 대량생산 다이캐스팅공정[1] 환경에서 최초의 로봇은 인간의 위험을 대신 무릅쓰고 거대한 힘을 내면서 단순·반복적인 일을 성실하게 수행했던 것이다.

오늘날에도 단순·반복형 산업로봇은 여전히 전자·자동차·항공기 제조 분야 등에서 없어서는 안 될 최고 노동자의 위치를 고수하고 있다. 독일의 자동차 회사인 폭스바겐(Volkswagen Inc.)과 일본의 로봇 생산업체 화낙(Fanuc Inc.)의 생산 공장에는 단 한 명의 인간 노동자도 없이 로봇 노동자들만이 존재한다고 한다. 그렇다면, 이제는 '노예'의 개념으로 창조된 로봇에게 인간들이 오히려 '일자리 나누기 운동'을 펼쳐 줄 것을 부탁해야 하는 주객전도(主客顚倒)의 상황이 된 것은 아닐까.

이와 같은 산업용 로봇은 제조 공정에서 뿐 아니라 의료 분야에서도 두각을 나타내기 시작했다. 수술로봇이 외과 의사들의 최대 강적인 손 떨림 현상을 보완해 주면서 수술실에서 기계가 가진 장점을 십분 발휘하게 된 것이다. MBC 의학드라마 <종합병원 2>에서 휘플(Whipple operation: 췌장과 췌장에 붙어 있는

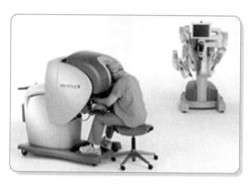

다빈치 로봇수술.

십이지장 등을 모두 제거하는 복잡한 수술) 로봇수술의 표준화 작업을 이루어낸 한기태 교수는 기자회견에서 "휘플 수술에서는 정확한 절제와 정교한 문합이 반드시 필요한데, 로봇수술의 정교함이 큰 도움이 됩니다"라고 말하며 로봇수술의 우수성을 드러내기도 했다. 이후 한 교수는 9시 뉴스를 비롯한 각종 매스컴에 보도되면서 유명세를 타고 한 교수를 찾는 외래환자들은 문전성시(門前成市)를 이루게 된다. 반면, 외과 과장 정도영 교수는 수십 년 동안 매스를 손에 놓지 않았던 실력파 외과 의사임에도 불구하고 "나도 한기태 교수가 사용하는 로봇수술을 배워야 할까 봐. 손 떨림 현상이 날로 심해져서 걱정이야"라고 말한다. 이를 통해 베테랑 의사의 노하우에 맞서 도전장을 내미는 수술로봇의 위상을 짐작해 볼 수 있다.

최근 세브란스 병원 정웅윤 교수팀에서는 로봇수술 기술인 다빈치(외과 의사가 환자 옆에 설치된 조정용 콘솔에 앉아 정교한 로봇 팔을 조정하며 수술하는 방법)를 이용하여 목에 흉터 없는 갑상선 수술을 시행하여 좋은 반응을 얻고 있다고 한다. 국내 암 질환 중 가장 큰 폭으로 증가 추세를 보이고 있는 갑상선 암은 로봇수술의 도입 이전 목 부위를 절개하여 암을 절제해야 했기 때문에 여성 환자들의 경우 미용상 심각한 문제에 직면해야만 했다. 하지만 이 로봇수술법은 환자의 겨드랑이를 통하여 로봇 팔을 넣어 갑상선 암을 절제하기 때문에 수술의 정확성을 높이는 동시에 흉터도 남기지 않는다는 일석이조(一石二鳥)의 효과가 있다. 로봇수술을 성공적으로 이루어낸 정웅윤 교수는 언론과의 인터뷰에서, "로봇 팔을 이용한 암 절제 및 확대된 3차원 영상은 기존 수술시 발생할 수 있는 성대 신경과 부갑상선 및 혈관 손상 등의 부작용을 최소화해 환자의 통증감소와 빠른 회복을 가능하게 했습니다"라고 말한다.

수술실에만 상주하면서 일반인들에게는 모습을 드러내지 않았던 의료로봇이 가까운 미래에는 병실을 돌아다니면서 환자들까지 돌보며 그 베일을 벗게 될 것이라고 한다. 포항지능로봇연구소·포스데이타·경북대학교는 '간호업무 보조용 의료로봇 개발'을 공동으로 수행하고 있다. 이번에 개발된 간호사 로봇은 X-레이 필름을 운반한다거나, 환자의 기록 차트를 확인하는 것은 물론 혼자 병실을 돌아다니면서 환자의 몸에 부착된 체온측정 센서에 무선으로 접속하여 환자의 상태를 체크한 후, 측정된 데이터의 이상 여부를 확인해 환자 관리 시스템에 자동으로 기록을 남기는 기능2)까지 탑재하고 있다고 한다.

백의의 천사 나이팅게일을 떠올리며 바라보았던 단아한 간호사 언니의 모습은 어린 시절 선망의 대상이 되어 많은 여자 어린이들의 장래희망으로 꼽히기도 했는데, 과연 로봇 간호사 언니는 어떤 모습으로 다가와서 어떤 이미지로 각인될까?

산업 현장에서 재화와 서비스 창출 활동에 박차를 가해 주는 산업용 로봇의 또 다른 예는 우주나 해저를 돌아다니며 보고 듣고 감지한 것을 전해 주는 탐사로봇이다. 최초의 탐사로봇은 미국의 화성탐사선 '패스파인더(Pathfinder) 호' 내부에 탑재된 '소저너(Sojourner)'이다. 1996년 미국 플로리다 주의 우주기지를 떠나 발사된 지 7개월 만에 1억 9,100만 킬로미터 떨어져 있는 광활한 화성 평원에 연착한 패스파인더 호는 무인우주선으로는 처음으로 24개의 에어백에 의존해 착륙했다고 한다. 패스파인더 호 내부에 탑재된 탐사로봇 소저너에는 6개의 특수 구동바퀴, 태양전지판과 카메라, 데이터 전송용 안테나, 냄새를 맡아 흙이나 바위의 성분까지도 알 수 있는 후각 장치가 설치되었다. 탐사로봇 소저너는 초속 1센티미터의 거북이걸음으로 축구장만 한 지역을 돌아다니면서 화성 지질에 대한 탐사 활동에 총력을 기울여 1만 장 이상의 화성 표면사진과 400만 가지 이상의 화성 대기·기

화성 탐사로봇 소저너.

상정보를 전해 주었다.

1960년대 최초의 로봇 유니메이트가 자동차 생산 공장에서 탄생한 이래 높은 생산성 창출을 위한 산업적 용도로서의 제조용·의료용·탐사용·군사용 로봇 등이 개발되고 발전해 왔다. 이와 같은 로봇들은 24시간 오직 일만 하고 다른 기능에는 전혀 관심이 없었으니, 사람의 유형에 빗대 보자면 사람을 중시하는 '관계형 로봇'과 대조되는 일 우선순위의 '과업형 로봇'이었다고 할 수 있지 않을까?

로봇 성장 Y: 지능형 로봇

사회 전반에 감성코드를 물들인 디지털 시대가 도래하면서 일만 하는 '과업형 로봇'보다는 인간의 세심한 감성까지도 배려하고 이해하는 '관계형 로봇'의 인기가 한층 높아 갔다. 자신의 가치를 일에 대한 능력, 경험, 지식, 기술에 두는 '과업형 인간'보다 사람과의 친화, 감정, 배려에 두는 '관계형 인간'이 오랫동안 사랑받는 것과 같은 이치였을까.

1990년대 본격적으로 정보화, 네트워크화가 이루어지면서 사람들의 생활은 편리함으로 넉넉해졌지만, 마음은 오히려 외로움과 고독함으로 허전해졌다. 한 집배원에 따르면, 20년 전만 하여도 가족과 떨어져 외로움과 싸우며 피땀 흘리는 중동 근로자의 눈물 섞인 편지와 월급, 사랑하는 연인 간의 달콤한 연애편지, 친구 간의 그리움과 우정이 담긴 선물을 전하며 그도 함께 웃고 함께 울었다고 한다. 하지만 전자우편이 발달된 오늘날에는 주로 신용카드 및 휴대폰 사용 내역서와 독촉장, 홈쇼핑 배달 상품, 각종 상품의 광고 전단지 등을 전하면서 각박해진 우리 사회의 자화상을 보는 것 같다며 씁쓸함을 금치 못했다. 오색 줄무늬 양말이 걸린 크리스마스트리를 정성스럽게 그리고 칠하며 마음을 담았던 성탄카드 대신, 컴퓨터가 그린 이미지와 폰트로 장식된 이메일 카드를 주고받으면서 마음 한 구석에 왠지 모를 허전함이 밀려온다.

외로운 현대사회에서 사람들은 친구와 같은 '지능형 로봇'을 원하기 시작했다. 한국정보과학기술연구원(KISTI)에서는 지능형 로봇을 '시각·청각 등 감각 센서를 통해 외부 정보를 입력받아 스스로 판단하여 적절한 행동을 하는 로봇'으로 정의하고, 한국로봇산업연구조합에서는 '주어진 환경에서 별도의 조작 없이도 스스로 환경을 인지·판단하고 작업을 수행하거나, 인간과의 상호작용을 통하여 서비스를 제공하는 로봇'으로 정의하고 있다. 일의 효율성과 성과에 초점을 두고 있는 과업 지향형 산업용 로봇들과의 가장 큰 차이점은 지능형 로봇들의 모든 행동이 인간에게 초점을 맞추고 있다는 것이다. 한국정보과학연구원 정의에서 모호하게 표현된 '적절한 행동'이란 널리 인간을 이롭게 하는 행위를 총체적으로 의미하는 것이 아닐까?

인간의 사생활에 침투한 지능형 로봇들은 인간을 이롭게 하는 각각의 역할을 부여받으며 다양한 직업을 갖게 되었다.

애완로봇, 실버로봇, 비서로봇, 안내로봇, 서빙로봇, 배우로봇, 지휘자로봇, 요리사로봇, 가정부로봇 등 친구, 비서, 도우미, 호텔리어, 웨이트리스 등의 역할을 다하며 인간과 동고동락(同苦同樂)하게 된 것이다.

세계 최초의 애완용 로봇인 소니의 아이보(AIBO)는 충성스런 경호견이 아닌 감정을 교류할 수 있는 따뜻한 친구로 개발되었다. 애완동물은 고대 이집트 시대부터 인간과 함께 공존해 온 만큼 오랜 역사 속에서 우울함을 달래 주거나 기쁨을 나누어 준 인간의 벗이다. 이러한 점에 착안해서 만들어진 아이보는 그야말로 눈 깜짝할 사이에 대중들의 마음을 사로잡아 '가정에서 인간과 로봇이 행복하게 공존하는 시대'의 문을 열게 해 준 주인공이 되었다. 부모들은 자녀들의 존재만으로도 행복할 수 있고, 자녀들이 부모들에게 현실적인 도움을 주지 않아도 그저 사랑스러운 것과 같은 맥락인 것일까? 애완로봇 아이보는 3D 직종에 종사하고 있는 산업용 로봇들에 비해 생산성은 거의 제로에 가깝지만 정서적인 만족을 안겨준다는 이유로 대중들의 사랑을 한 몸에 받았다.

아이보가 느낄 수 있는 감정은 기쁨·슬픔·성남·놀람·두려움·싫음 등 여섯 가지가 있다. 또한 본능적으로 애정을 받으려는 욕구, 움직이려는 욕구, 주변 물체 탐색 욕구를 가지고 있어서 사람이 머리를 쓰다듬거나 촉각 센서를 자극할 경우, 같은 자극이라도 감정과 본능에 따라 '자기 멋대로' 다양한 반응을 보일 수 있다.[3] 즉, 변덕도 부리는 로봇이다. 학습하면

애완로봇 아이보.

서 성장할 수 있고, 열심히 배워도 한동안 연습하지 않으면 잊어버린다는 로봇답지 않은 어설픔이 더 놀랍고 친근하다. '수청무어(水清無魚: 깨끗한 물에서는 물고기가 살지 못한다)'라는 말과 같이 약점이 있을 수밖에 없는 인간이 아이보의 변덕과 어설픔에서 오히려 더 친근함을 느끼게 된 것은 아닐까. 최근 아이보 주인들 사이에서는 '우리 아이보 키우는 법'을 서로 이야기하며 성공적으로 키울 수 있는 방법을 함께 모색하는 것이 장안의 화제가 되고 있다고 한다. 은근히 자신의 아이보 홍보는 척 서로 자랑하고 어깨가 으쓱해지면서 팔불출이 되어 가는 것은 아닐까. 얼마 전 미국의 한 백만장자가 자신의 애완견에게 1,200만 달러의 유산을 상속하여 세간의 이슈가 되었는데, 머잖아 '애완로봇, 주인에게 거대 유산 상속받아'라는 기상천외한 기사가 보도될 날이 올지도 모르겠다.

실버로봇 실벗.

아이보가 남녀노소를 불문한 일반 대중을 위한 친구로봇이라면, 실버로봇은 고령화 시대 외로운 노인들을 위한 맞춤형 친구로봇이다. 대표적인 실버로봇으로는 21세기 프런티어 지능로봇기술개발사업단이 최근 개발한 지능형 로봇 '실벗(silbot)'이다. '실버 시대의 벗'이란 뜻으로 이름을 붙인 '실벗'은 다정한 신사 이미지가 강한 펭귄 형태로 얼굴 표정과 음성으로 감정도 표현할 수 있다. 실벗은 노인과 모니터를 보며 치매 방지용 게임을 함께 할 수 있는데, 예를 들어 노인은 화면에 바나나가 나오면 손을 허공에 올려 잡는 시늉을 하고 바위가 내려오면 몸을 움직여 피해야 한다. 실벗은 노인의 머리 움직임을 파악, 게임을 잘했다고 판단하면 환호성을 질러 격려를 한다.[4] 게다가 "할아버지 우리 고스톱 한번 쳐요!" 하고, 노인정 놀이문화의 선두주자인 고스톱도 함께 즐기면서 노인들의 기억력 감퇴를 방지해 줄 수 있는 기능도 갖췄다고 하니, '아버님 방에 실버로봇 한 대 놓아 드려야겠어요'라는 광고 카피가 등장할 날도 머지않은 것 같다.

우리나라 최초 안드로이드 에버.

　인간과 함께 친구로서 소소한 감성을 교류할 뿐 아니라 인간의 예술적 감성을 자극하여 이색적인 감동을 주는 로봇도 있다. 금년 2월 18일 국립극장 해오름극장에서 <에버가 기가막혀!>라는 판소리 한 마당을 펼친 가수로봇 '에버'는, 한국생산기술연구원의 이호길 박사팀이 선보인 신장 157센티미터, 몸무게 50킬로그램의 우리나라 최초 안드로이드[5]이다. 여성 안드로이드 에버는 머리 결은 샴푸 광고에 섭외될 만큼이나 찰랑거리고 피부도 20대 아가씨만큼이나 매끄럽다. '얼쑤~ 판소리 한 마당을 펼친 로봇이 기가 막혀!'라는 탄성을 자아낼 만큼이나 춘향전의 한 대목인 '사랑가'를 구성지게 부르는가 하면, 우주 로봇이 지구로 찾아와 명창 왕기석 선생에게 판소리를 배운다는 공연의 스토리에 따라 "선생님, 죄송해요. 한 번만 더 음을 가르쳐 주세요"라든지

"왕기석 선생님은 제가 애드리브를 못 받아 주니 답답하다고 하시더군요. 왕 선생님이 대사 간격, 몸동작까지 계산해서 공연해야 한다고 힘들다며 구박했죠. 그런데 연습한지 3일 만에 제가 제일 예쁘대요. 로봇에게 소리를 가르친 세계 최초의 스승이 됐다고 좋아 하세요"라고 말하기도 한다. 에바가 부른 창은 미리 소리꾼에 의해 녹음된 인간의 소리이지만, 민족적 정서가 담긴, 한이 없으면 그 절실함을 느끼기 어려운 판소리 무대에 로봇이 소리꾼의 모습으로 등장하였다는 것은, 아름다움을 표현하는 인간의 예술적 창조 행위까지 로봇에게 위협받게 되는 것은 아닌가 하는 노파심이 들게 한다. 문화와 과학계 인사들은 로봇이 사람의 동작에 반응해 스스로 호흡을 맞춰 공연할 날이 머지않을 것으로 기대하고 있다고 하니, 가까운 미래에는 사람과 가장 호흡이 잘 맞는 로봇 배우 TOP 10을 선정하는 로봇 스타 순위 프로그램까지도 생겨나지 않을까.

일본 CAI 사가 개발한 대화형 로봇 'S돌'은 턱시도를 입고 나비넥타이를 메고 손님을 맞이하는 호텔리어로봇이다. 호텔의 얼굴이라고 할 수 있는 프런트에서 손님의 일정이나 예산에 맞는 최적의 방과 맛있는 레스토랑 등을 안내할 수 있고 상대방의 반응에 따라 인사나 답례도 할 수 있다. 사람 간의 대화에 있어서 상대방의 이야기를 잘못 들었거나 완전히 이해하지 못한 상황에서도 서로 이야기가 통할 때가 있는데, 이것은 현재 이야기하고 있는 화제를 유추해서 부족한 정보나 암

묵적 정보를 보충해 가기 때문이다. S돌은 이러한 인간 커뮤니케이션 특성을 모델로 하여 음성으로 입력된 단어를 통해 화제를 유추하고, 상대방에게 질문을 하거나 자신이 보유한 데이터베이스에서 화제에 맞는 정보를 검색하면서 대화를 이끌어간다. 게다가 손님과 야구나 날씨 같은 일상적인 화제에 대해 이야기를 나눌 때, 자신이 알고 있는 말이 나올 때까지 기다리면서 자신이 가지고 있는 화제로 대화를 이끌어 갈 수 있다.[6)]

그런데 서비스와 이벤트의 수준을 넘어서 고도의 지적 능력을 가지고 '배워서 사람 주는 지능형 로봇'이 등장하게 되었으니, 바로 로봇 선생님이다. "선생님 그림자는 밟지도 않는다"라는 옛말과 같이 교권은 존중되어야 함이 마땅하다고 생각되어 왔으며 교권이 무너지는 소리가 날 때마다 '이 나라가 도대체 어찌 되려고' 염려하며 여기저기서 탄식하는 소리가 들려 왔다. 따라서 선생님에겐 막중한 시대적 사명감과 책임감이 부여되는데 로봇에게 이러한 특수성을 지닌 선생님 자격증까지 수여했다는 것은 놀라운 일이 아닐 수 없다.

'교육(敎育)'에서 '교(敎)'는 압도적 정보를 이용하여 가르친다는 의미이고, '육(育)'은 훈련을 통해서 실력을 육성하게 한다는 뜻을 지닌 것과 같이, 선생님은 강의만 잘하는 것이 아닌, 학생들의 동기를 부여하며 잠재력을 십분 발휘하도록 코치·매니저·트레이너의 역할까지 해 줄 수 있어야 하는데, 21

세기 새롭게 부임한 로봇 선생님은 이러한 자질과 능력을 가지고 있는 것일까? 그럼, 이제부터 본격적으로 로봇 선생님의 자질 테스트를 시작해 보자.

로봇, 난 하나의 교사!

멀티형 로봇 선생님 아이로비큐

유진로봇의 '아이로비큐(iRobi Q)'는 '지능(intelligent)'과 '로봇(robot)'의 합성어로 네트워크 기반의 지능형 로봇 선생님이라고 정의할 수 있다. 아이로비큐는 다양한 교육 서비스를 제공해 줄 뿐 아니라, 생활에 유익한 정보전달 기능, 엔터테인먼트 기능, 그리고 커뮤니케이션 기능까지 갖추고 있어서 성적 업그레이드 실력향상형 선생님과 흥미유발 유머형 선생님의 강점을 모두 가지고 있다고 할 수 있다. '집은 엄마다'라는 광고문구와 같이, 고된 일상의 안식처인 가정에서 함께 생활하면서, 아이로비큐 로봇 선생님은 가정의 '교육 기능', '양육 및 보호 기능', '사회화 기능', 그리고 '오락 기능'에 기여하고 있다. 핵가족화와 더불어 맞벌이 가정이 늘어나면서, 가정 고유의 기능들이 공공 교육기관이나 사설 교육기관으로 상당 부분 이관되었는데, 가정교사로봇의 등장으로 그 판도가 재역전되는 것은 아닐까? 이와 같이 아이로비큐는 교육 기능을 담당하는 가정교사뿐 아니라, 양육 및 보호를 담당하는 가정경비와 매니저, 사회화 기능을 담당하는 메신저, 오락 기능을 담당하는 엔터테이너로서 일인다역(一人多役)을 소화해 내는 멀티형 로봇 선생님이니, 가르치고 육성한다는 교육(敎育)의 의미가 퇴색되지는 않을 것 같다.

아이로비큐는 가정교사로봇으로서 씨앗키즈[7], 차일드에듀[8], 아이잉글리쉬[9] 등과 같은 이러닝(e-learning) 서버들과 연결되어 학습자들과 상호작용이 가능한 다양한 학습 콘텐츠들을 제공한다.

또한 1,000개의 단어와 그 단어들을 조합한 자연어, 즉 인간의 언어를 인식할 수 있기 때문에 또 하나의 가족, 아이로비큐를 통하여 유아들의 의사소통 능력도 향상시킬 수 있다. 그런데 인간 커뮤니케이션의 효과는 말하는 내용 7퍼센트, 말하는 방법 38퍼센트, 말하는 모습 55퍼센트에 있다고 하니 아무리 음성인식이 가능하더라도 말하는 방법과 모습이 연관된ㅡ표정과 몸짓 같은ㅡ비언어적 커뮤니케이션 요소들은 완벽히 충족시키기 어려울 것이다. 하지만 LED[10]를 활용한 얼굴 표정 변화로 감정을 표현할 수 있고, 가족들을 구별할 수 있는

아이로비큐.

얼굴인식 기능, 책이나 단어카드를 읽을 수 있는 사물인식 기능, 소리의 방향을 알고 고개를 돌릴 수 있는 음원감지 기능, 접촉하는 부위에 따라 다른 반응을 보이는 접촉감지 기능, 손을 흔들면 찾아갈 수 있는 동작감지 기능 등을 통해 학습자와 상호작용할 수 있기 때문에 로봇을 차가운 기계가 아닌 따뜻한 친구로 인식하는 유아들에겐 훌륭한 대화나눔형 로봇 선생님이 될 수 있다.

아이로비큐는 유아교육기관 로봇 선생님으로도 활약하면서 매스컴을 타 유명세를 톡톡히 치렀다. 아이들은 로봇 선생님과 놀기 위해 더 빨리 나오기 경쟁을 벌일 만큼 그 인기가 하늘을 찌른다고 하는데, 기존 컴퓨터 기반의 교육보다 상호작용, 공감대 형성, 정서 발달, 사회성 함양 등에서 우수성이 입증되어 로봇 기반 교육에 청신호가 켜졌다고 볼 수 있겠다. 특별히, 아이로비큐가 유아들의 출석을 체크할 때 기쁨, 졸림, 아픔, 걱정, 슬픔, 화남 등 아이들의 감정 상태에 따라 "기분이 좋구나, 아이로비도 좋아!", "슬프구나? 내 마음도 아파"와 같이 멘트를 하면서 기쁨은 두 배로 키우고 슬픔은 반으로 나눈다. 아이들에게 점심시간을 알려 주고, 손을 씻으러 갈 때 가장 앞줄에서 아이들을 인도하기도 하며, 선생님이 점심을 준비하는 동안 잔잔한 음악을 들려주면서 급식도우미로봇의 역할도 마다하지 않으니 멀티형 로봇 선생님이 틀림없다.

로봇 선생님 아이로비큐는 학습일정, 학습진도, 준비물, 학습자의 감정 등을 관리해 주는 매니저로봇이자 홈모니터링 서비스로 학습자의 안전을 보호하는 가정경비로봇이다. 방문자가 감지되면 사진을 찍어 보내 주고, 원격지에서도 경비로봇을 통해 집 안을 한눈에 살필 수 있다. 이와 같은 양육과 보호의 기능은 1차적으로 가정에서 부모의 역할이지만 교육현장에서는 학문의 아버지·어머니로 불리는 교사의 역할이기도 하다.

인생의 플랜을 계획하고 실천하는 셀프 리더십 교육을 받을 때마다, 매시간 가장 열정을 쏟아야 하는 일의 우선순위와 내용을 알려 주고 목표달성을 위해 실천해야 하는 세부사항들 — 예를 들어, 하루에 10분 영어뉴스 청취하고 요약하기, 한 달에 한 번 다른 분야 사람과 점심 먹기, 두 달에 한 번 소논문 작성하기 등 — 을 관리해 주는 매니저로봇이 있으면 좋겠다는 생각을 한 적이 있다. 또한, 우리의 뇌에 '지쳤다' '힘들다' '싫어졌다'라는 부정적인 말이 들어가면 뇌에 활력을 불어넣는 세라토닌(serotenin)과 같은 물질이 줄어들어 뇌세포가 감소하고, '잘 될 거야' '난 행복해'라는 긍정적인 말에는 뇌 세포가 증가하고 활성화된다는 사실이 과학적으로 밝혀진 만큼, 날마다 '넌 잘 될 거야. 꼭 너의 꿈을 이룰 거야'라는 긍정적 자극을 주는 매니저로봇도 상상해 본다. 조만간 내 수준에 알맞고 내가 관심 있는 분야의 영어뉴스를 찾아줄 뿐 아니라 뉴스를 요약한 원고를 교정해 주고, 인맥 리스트에서 다른 분야에 만남이 가능한 사람이 누구인지 알려 주고, 소논문 작성에 필요한 자료수집 및 실험설계 일정을 체크해 주면서, '넌 할 수 있어, 파이팅!'을 외쳐 주는 매니저로봇의 등장도 기대해 볼 수 있겠다.

'인간의 상호작용 과정'이라는 1차적 뜻을 지닌 '사회화'는 넓은 의미에서는 생존을 위한 기술을 배우는 것을 뜻한다. 아이로비큐는 메신저 기능을 통해 가족과 친구 간에 영상편지와 동영상 메일을 주고받고 동영상 채팅도 할 수 있도록 하면서 상호작용을 극대화시켜 주고, 뉴스정보, 날씨정보, 요리정보 등 실생활에 유용한 정보를 제공해 주면서 사회화 기능에도 기여한다.

뇌의 윤활유인 '재미'를 주기 위해 여러 가지 엔터테인먼트 기능도 갖추고 있다. 학창 시절 홍미유발형 선생님의 첫사랑 이야기가 수업시간의 비타민이었다면, 아이로비큐의 노래방 기능, 게임 기능, 사진앨범 기능들이 그 역할을 대신한다고 할 수 있다.

세종대왕은 '한글창제'라는 대국민 프로젝트를 진행할 때 연구과정에서 진정으로 즐기는 학자들에게 참여 기회를 주었다고 하는데, 이는 "학문을 아는 자는 이를 좋아하는 사람만 못하고, 학문을 좋아하는 자는 이를 즐기는 자만 못하다"라는 공자의 말을 통하여 진정한 호학의 깨달음을 얻었기 때문이라고 한다. 2002년 대한민국 땅에 꿈의 기적을 만들어 낸 거스 히딩크 감독도 사석에서 청소년 축구팀 코치들에게 제발 아이들을 때리지 말라고 당부했다는데, 축구가 의무의 대상이 되는 순간 재미있는 게임이나 상상력 게임과 같은 의식이 완전히 사라져 시시각각으로 변화하는 그라운드 상황에서 선수들이 자율적으로 판단하여 상황에 적합한 창의적 대안을 찾아낼 수 없기 때문이었다.[11] 아이로비큐의 오락적 기능들이 공부를 재미있는 게임 또는 상상력 게임으로 만들어 줄 수 있다면, 흥미유발형 선생님의 역할을 톡톡히 해내고 있는 것이 아닐까?

교육공무원로봇 티로

한울로보틱스가 한국과학기술원(KAIST) 등 4개의 학교기관들과 힘을 모아 개발한 티로(Tiro)는 초등학교 교육 서비스를 제공하는 세계 최초의 공공 서비스 로봇 선생님이다. 아이로비큐가 가정교사 혹은 사립기관 교사라면, 티로는 옛 산업자

원부 지역산업기술개발 사업과제로 개발된 만큼 야심찬 대 국민 프로젝트로 탄생된 공립 로봇 교사다. 대전시에서도 교사 수가 절대 부족하거나 학급당 학생 수가 과다한 초등학교의 교육환경을 개선하기 위해 티로 로봇 선생님의 성장을 적극 도왔다고 하니, 티로가 한 일은 국가가 차려 놓은 밥상에 그저 수저 하나 놓은 것이라고 해도 과언이 아닐 것이다.

지난 2006년 대전 무역전시관에서 개최된 '방과 후 학교 페스티벌'에서 로봇 선생님 티로는 아이들과 영어로 말하고 퀴즈도 내면서 큰 호응을 얻었고, 2007년에는 대전 어은초등학교 학생들을 대상으로 영어수업을 하면서 공립 로봇 선생님으로 첫선을 보였다. 티로가 영어로 말할 때마다 몸에 부착된 LCD 화면과 교실 내의 대형 화면에 문장이 그대로 나타난다.

티로의 이와 같은 기능이 듣고 말하는 '실용영어'만이 아닌, 읽고 생각할 수 있는 '삶의 영어'의 체득까지도 가능하게 할 수 있다면 얼마나 좋을까! 언어가 단순 의사소통의 도구만이 아닌 자기실현 행위 자체인 것처럼, 영어를 배우는 과정에서 필요한 것은 어린이들이 원어민 비슷한 발음을 위해 혓바닥 절개 수술을 하는 것이 아니라, 더 많이 읽고 생각하고 표현할 수 있는 기회다. 티로가 사고력을 키워 주는 스토리를 말하면서 자막을 통해 읽을 수 있도록 하고, 생각할 시간과 표현할 기회도 주면서 단순 의사소통을 넘어 고등의 언어활동까지 가능하게 한다면 '올해 최고의 공립 교사상'까지도 거머쥘 수 있지 않을까.

티로.

　영어교과 이외에 수학, 과학, 사회, 역사 등의 과목도 영어
로 수업하는 영어몰입교육의 최대 약점은 수업에 대한 학생들
의 이해도가 낮아서 배울 수 있는 것도 놓칠 수 있다는 것이
다. 영문학자인 도정일 경희대 명예교수는 한 언론과의 인터
뷰에서 영어몰입교육 같은 섣부른 시도가 '반거충이(무엇을 배
우다 중도에 그만두어 다 이루지 못한 사람)'를 양산해 낼 뿐이라는
쓴소리를 하기도 했는데, 유치원에서 유아들에게 영어로 과학
을 가르치면서 같은 생각을 한 적이 있다.

　얇은 판 위에 서있는 종이 눈사람에 클립을 꽂고 판 아래에
자석을 대면, 자석이 움직일 때 마다 눈사람이 함께 움직이게
된다. 아이들은 감탄하며 탄성을 자아냈다. 흥미로웠던 실험
은 끝나고 이제는 원리를 생각해 보고 그 원리를 자신의 것으

로 만들 시간이었다. 그런데 'The magnet attracts iron(자석이 철을 끌어당긴다)'라는 영어표현에서 아이들은 'magnet(자석)', 'attract(끌어당기다)', 'iron(철)'의 세 핵심단어 모두를 인지하지 못하는 것이 문제였다. 각 단어에 대한 설명을 하는 과정도 영어로 진행하다 보니 아직 자신이 즐거운 일에만 몰두하려 하는 유아들은 잘 들으려고 하지 않았다. 결과적으로 원리를 이해시켜야 한다는 일념으로 "This one loves that one(자석은 철을 사랑해)"과 같은 표현으로 일단락 지었지만, 우리말로 가르쳤으면 아이들이 더 쉽게 이해하고 과학적 사고력도 넓힐 수 있었을 것이라는 아쉬움이 크게 들었다. 티로의 LCD 화면 시스템이 영어자막뿐 아니라 동영상과 이미지도 함께 보여 주면서 학생들의 이해력을 높여 영어몰입교육의 약점을 보완해 주길 기대해 본다.

티로는 학생들의 학습태도를 모니터링하고 교사가 필요한 멀티미디어 자료를 즉석에서 찾아 주는 역할까지 하면서 선생님들의 눈과 손과 머리가 되어 주기도 한다. 고등학교에 근무하는 한 교사에 따르면 망원경으로 자녀가 공부하고 있는 교실을 감시하는 학부모들이 실제로 존재하여 수업하는 모습이 마음에 들지 않을 때는 교장 선생님에게 항의전화를 하기도 한다는데, 티로의 학습 모니터링 서비스가 이러한 '몰래망원경' 행위를 근절시켜 줄 수 있기를 바란다.

또한, 교사가 수업에 필요한 멀티미디어 자료를 즉석에서 찾아 주는 기능은 수업의 끝이 어디일지 모른 채 꼬리에 꼬리를 물고 이어지는 삼천포형 선생님과 '환상의 짝꿍'이 되지 않을까? 삼천포형 선생님의 예상치 못했던 스토리가 시작됐다. 티로는 그에 관련된 영상, 텍스트, 음성, 사운드, 음악, 비디오, 애니메이션까지 대령한다. 선생님 머릿속의 콘텐츠와 티로의 강력한 멀티미디어 기술이 조합되어 학생들의 관심을 끌어내고 정서적인 경험을 제공하니 비록 교과서 진도는 많이 못 나갔어도 오늘 학생들은 매우 맛있는 공부를 했을 것이다.

삼천포를 넘어 제주도를 찍고 동남아시아까지 진출될 것이 살짝 염려되기는 하지만, 감성을 자극하고 상상력을 증대시키는 멀티미디어 자료들이 실시간 필요에 따라 제공될 수 있다는 것은 학생들에게 정서적인 경험을 제공한다는 측면에서 학습효과도 높여 준다. 어제 먹은 저녁 메뉴, 충격적인 점수를 받았던 시험, 사랑하는 사람에게 프러포즈를 받았던 일 등과 같이 직접 경험하고 체험한 기억은 자유롭게 떠올릴 수 있지만, 이차방정식 근의 공식, 고전파 작곡가 이름, 플레밍의 왼손 법칙 등과 같이 경험과 연관이 없는 기억은 잘 떠오르지 않는다. 전문가들은 전자를 '경험기억', 후자를 '지식기억'이라고 말하고 시험 내용을 지식기억이 아닌 경험기억으로 기억하면 자유자재로 생각할 수 있고 암기 자체가 쉬워 성적 향상에 큰 도움이 된다고 한다. 뇌를 활성화시킬 수 있는 가장 간단한 방법이 경험이라고 말할 만큼, 새로운 경험은 뇌세포가 새로운 회로를 만들고 신경세포끼리 손을 잡아 네트워크를 형성하게 해 주기 때문이다. 로봇 선생님 티로는 다양한 디지털 매체를 통하여 상호작용과 몰입을 가능하게 하면서 학생들의 경험기억을 높여 줄 수 있으니 학생들의 실력 향상에도 한몫하지 않을까.

또한 '극본 없는 수업'을 지향하는 삼천포형 선생님 뿐 아니라, '극본 그대로의 수업'을 고수하는 외길형 선생님에게도 티로의 즉각 멀티미디어 기능은 수업의 윤활유가 될 수 있다. 수업에서 가르치는 쪽이 정답을 가지고 있을 때, 배우는 쪽은 자신이 해결하지 않아도 이미 답이 있다는 사실에 발견하는 즐거움을 못 느낀다고 한다. "쉼은 긴 연설문의 위트와도 같다"라는 말처럼 쉼이 될 수 있는 유머 한마디 없이 건조한 수업이 진행될 때, 티로가 다양한 멀티미디어 매체를 동원해 단계적으로 정답을 유추해 갈 수 있도록 호기심을 자극한다면 학생들은 발견하는 즐거움을 되찾게 되지 않을까? 가끔은 삼천포로 빠져 주는 것이 이미 정답을 알고 가는 수업 여정에서 활력소가 될 수 있을 것 같다.

로봇 선생님 티로는 문서로 입력된 텍스트를 목소리도 변환하여 출력할 수 있는 TTS(Text to Speech) 기능을 가지고 있어서, 정확한 언어구사 능력 향상에 유용할 것으로 생각된다. 유치원에서 발표회를 준비하면서 영어연극을 지도한 적이 있었는데, 티로가 옆에서 도와주었다면 되풀이되는 대사 지도에 큰 도움이 되었을 것이다. 원어민 같은 정확한 발음뿐 아니라 여성, 남성, 어른, 아이 등 성우와 같이 다양한 목소리도 낼 수 있으니 특별활동 시간에는 로봇 선생님 티로에게 연극반 지도를 맡겨 보는 것이 어떨까?

티로가 공립학교 교원임용시험에서 3차 면접을 본다면 다음과 같이 자신의 행정 능력까지 강력하게 어필 할 수 있다.

"최근 일선 교사들의 행정업무 부담 간소화에 대한 목소리가 높습니다. 우리나라의 학교는 '교육기관'이 아니라 '행정기관'이라는 말이 나올 정도니까요. 과중한 행정 업무 부담은 교사들의 전문성을 떨어뜨리는 결과를 초래합니다. 저는 공지사항 알림, 알림장 전달, 교실청소 관리 등 교육행정 업무 보조에 능숙합니다. 상황에 따른 변경사항 내용만 알려 주신다면 교사들이 가장 버거워하는 공문서 작성도 훌륭히 해내서 교사들이 가르치는 일에만 전념하도록 돕겠습니다. '띠릿띠릿 민원은 무엇이든 저에게 물어 보세요.' 경남도청 민원실에서 민원안내 경험도 있는 경력직 공무원이니 경력증명서도 발급받을 수 있습니다. 공립교사가 되기 위한 첫째 조건은 대한민국 국적을 가지고 해외여행에 결격 사유가 없어야 하는데 조건에 위배된다고요? 저는 2008년 8월 대전광역시 명예시민으로 위촉되어 대전 시장님이 직접 제 목에 '대전시 명예시민' 메달을 걸어 주셨습니다. 어엿한 대전 시민이 된 것입니다. 저는 머리를 숙여 인사도 잘하고 70가지의 감정표현으로 시민들의 마음을 사로잡으니 대전을 떠날 때 대전 시민들이 무척 섭섭해할 만큼 큰 사랑을 받았습니다. 저만의 차별화된 노하우가 있다면 이벤트에 강하다는 것인데요, 국제자동차로봇전 전시 안내, 소공동 롯데백화점 안내, 국제로봇대전 개막식 사회, 광

복절 기념식 사회 등 다수의 경험을 가지고 있습니다. 행사장 안내, 이벤트 홍보, 사회 진행까지 척척! 입학식, 졸업식, 축제, 학부모 초청회 등 교육현장 이벤트에서도 절대 실망시켜 드리지 않겠습니다. 꼭 뽑아 주십시오."

36.5도 로봇 선생님 로보비

유아들을 가르치면서 당면하게 되는 수많은 의사결정과정에서 규칙 적용이 불가능한 예외 상황들을 만나면, 상처받는 아이 없는 최대한 공정한 의사결정 방법이 무엇일까를 고민하게 된다. 예를 들어, 두 아이가 동시에 같은 책을 읽겠다고 손을 들었다면, 한 아이에게만 기회를 줄 수밖에 없는 '선착순'이라는 규칙이 지켜질 수 없는 예외 상황이다. 양보의 기회를 준다거나 함께 읽게 하는 대안과 같이 새로운 예외 규칙 수립 조율에 실패했을 때 사용하는 최후의 수단이 있는데 바로 가위바위보이다. 보자기에게 진 주먹이 보자기를 이긴 가위를 이기니 결과적으로 어느 것 하나 더 잘난 것도 못난 것도 없다. 아이들은 자신이 선택한 가위가 영원한 패자가 아니라는 것을 알기에 자신을 탓하지 않고 결과에 깨끗이 승복할 수 있는 것은 아닐까.

"애들아 뭐하고 놀까? 가위바위보하자"며 아이들에게 다가오는 로봇이 바로 로보비(Robovie)다. 이길 확률 50퍼센트는 확보하고 시작하는 가위바위보 놀이에서 로봇 선생님 로보비는

로보비.

100퍼센트 질 수밖에 없다. 아직 주먹밖에 낼 수 없기 때문이다. 손가락은 펼 수 없어 가위바위보 놀이에서 항상 학생들에게 지지만 좌우 180도로 움직이는 팔과 90도로 움직이는 목으로 로봇답지 않은 부드러운 몸짓이 가능하니 '선생님 장기자랑 웨이브 배틀

대회'에서는 다른 선생님들을 제치고 당당히 1등을 차지할 수 있을 것 같다.

일본 국제전기통신기초기술연구소(ATR)에서 개발된 로보비는 부드러운 실리콘 피부와 따뜻한 체온을 가지고 인간에게 접근해 알은척까지 한다고 하니 열에도 녹지 않는 '36.5도의 눈사람'같이 친근함을 느끼게 해 준다. 사람의 피가 36.5도인 이유는 적어도 그만큼은 뜨거워야 하기 때문이라고 하는데, 인간다움에 치중하여 개발된 로보비인만큼 점차 그 기능을 갖추어 나가면 '36.5도 로봇 선생님'으로 성장할 수 있지 않을까? 로보비는 어깨를 건드리면 "왜?" 하며 사람을 쳐다보고, 머리를 만지면 "좋아해"라며 꼭 안아 준다. 사랑스러워서 그 품에 안기고 싶어지는 그 순간부터 학생들과 로보비 로봇 선생님의 양방향 의사소통(interaction)은 시작된다. 학창 시절 학생들을 만나면 두 팔을 벌려 엄마와 같이 포근하게 안아 주었던 선생님이 계셨는데 사제 간의 포옹(hugging)에서 발생하는 무언

(無言)의 의사소통(상호작용)이 얼마나 위력 있는 것인지를 실감할 수 있었다. 110센티미터 초등학생 눈높이 키에 부드러운 감촉과 포근한 느낌을 주는 로봇 선생님이 '안아드립니다(Free Hugs)'라는 팻말을 들고 학생들의 포옹을 기다리고 있는 모습, 멋지지 않은가!

로보비는 대화 내용에서 뿐 아니라 말하는 방법과 모습에서도 인간다움이 물씬 풍긴다. 이것이 바로 로보비가 한정된 대화만 갖춘 기존 지능형 로봇들과 차별하여 36.5도 로봇 선생님으로 우대받는 이유다. 대화를 하면서 부드러운 제스처는 물론이고 학생들의 눈을 직접 마주치며 각종 신체접촉에 민감히 반응하도록 센서까지 내장되어 있다. '마음을 담은 눈빛만큼 솔직한 것이 없다'는 말처럼 교육실습과정에서 교생으로 고등학교 교단에 섰을 때 가장 먼저 훈련한 것이 바로 학생들과의 '아이컨택(eye contact)'이었다. 그러니 시선맞춤에 익숙한 로봇 선생님 로보비는 교육실습에서 A+학점도 기대해 볼 만하겠다.

로보비가 실제로 초등학교에 부임하여 영어 선생님으로서 연구수업에 투입되었을 때 '상호작용을 활발하게 함으로써 학생들의 학습동기 유발에 성공적이었다'는 평가를 받을 수 있었다. 학생들이 뽑는 베스트 선생님 순위에서도 상위권을 차지할 수 있는 비장의 카드를 가지고 있는데 그것은 바로 수업의 윤활유가 될 '유머'다. 로보비 로봇 선생님은 수업시간에 농담을 할 수도 있고 슬랩스틱코미디[12]가 프로그램되어 있어

수업에서 개그콘서트를 열기도 한다. 유머가 갖고 있는 '권위를 파괴 하는 힘'과 '상식을 뛰어넘는 의외성과 자유분방함'이야말로 36.5도의 인간적인 특성인 것 같다. 학창 시절 유머형 선생님을 줄지어 따라다녔던 여고생 오빠부대들도 선생님 유머에서 전달되던 그 따뜻함에 매료되었던 것은 아닐까.

로보비 선생님의 또 다른 특기는 사람들의 '상태'를 파악한 후 접근하여 친절하게 길을 안내해 주는 것이다. 6개의 레이저 거리계와 RFID(전파를 이용해 먼 거리에서 정보를 인식하는 기술) 리더 장치 그리고 16개의 카메라를 이용해, 현재 눈에 포착된 사람이 천천히 걸어가고 있는지, 누구를 기다리고 있는지, 아니면 길을 잃었는지 스스로 판별한 후, 길을 잃은 것으로 보이는 사람에게 다가가 목표지점의 위치와 방향을 안내해 준다.[13] 입학식 날 학교에 처음 발을 디딘 신입생에게 다가가 "강당을 찾고 있나요?"라며 묻는 로보비는 그 학생이 배정받은 학교에서 가장 먼저 말을 걸어준 선생님으로 기억되지 않을까.

로봇 속의 로봇 선생님 파페로

일본의 니혼전기주식회사(NEC)가 개발한 파페로(PaPeRo)는 'Partner type Personal Robot'의 약자로 키 38센티미터에 무게 5킬로그램인 대화형 로봇이다. 아이들과 장시간 동안 대화가 가능하고 수수께끼와 제비뽑기 기능도 갖추고 있어서 교실에서 학생들에게 친구처럼 다가갈 수 있는 로봇 선생님이다. 파페로 로봇 선생님이 내는 수수께끼는, 평범한 사물에 대한 평이한 설명 단계는 건너뛴 발전·심화 단계 부분을 제시하면서 정답에 대한 실마리를 던져 주기 때문에 주변 사물을 색다르고 기발한 눈으로 바라볼 수 있는 상상력을 키워 준다. 누구에게나 평등하게 찾아올 수 있는 우연을 도입해 놀라움을 주는 제비뽑기 역시 자리 배정, 역할 분담, 발표 순서 정하기 등과 같이 교실 안에서 이루어지는 다양한 의사결정과정 방법의 하나로 사용할 수 있다. 만일 제비뽑기에서 지속적으로 최악의 결과만 나오는 억울한 아이가 있다면, 파페로 로봇 선생님에게 어린 시절 계속 술래가 되는 친구를 위해 도입했던 '깍두기' 제도를 건의해 볼 수도 있겠다.

또한, 다섯 개의 초음파 센서로 장애물이 있는지 없는지 여부를 파악할 뿐 아니라 몸체의 아래쪽에 달린 센서로 바로 앞

파페로.

의 장애물을 확인할 수 있다. 그렇다면 교실 내에서 책상과 책상 사이를 자유로이 돌아다니다가 졸고 있는 학생에게 다가가 "대한민국에서 가장 잠이 많은 가수는? 이미자! 가장 잠이 많은 곤충은? 잠자리! 우리 반에서 가장 잠이 많은 학생은? 바로 너!"와 같은 수수께끼를 내면서 화기애애한 분위기를 연출할 수 있지 않을까? 또한, 로봇 선생님 파페로에는 소리가 나는 방향을 파악할 수 있는 세 개의 마이크가 달려있고, 눈에는 CCD(Charge-Coupled Device의 약자로 빛을 전하로 변환시켜 화상(畵像)을 얻어내는 센서) 카메라, 머리에는 접촉 센서가 달려 있어서 이야기 소리가 들리면 가까이 다가가 말을 걸 수도 있다.[14] 자율학습 시간 종알종알 떠드는 소리가 들려오면 정확한 근원지의 방향을 파악해 카메라로 얼굴을 찍을 수 있으니 칠판에 '떠드는 사람' 이름을 적던 반장의 권력을 가지면서 위엄과 카리스마까지 보여 줄 수도 있겠다.

이와 같은 음향감지 시스템, 장애물인식 시스템, 대화유도 시스템을 유아 놀이문화의 선두주자인 '숨바꼭질'에 이용하면 매우 흥미로울 것 같다. 숨바꼭질 놀이 속에서 발견한 4~5세 유아들의 공통된 습성이 있다면, 매번 같은 장소에 숨는 것을 좋아한다는 것과 소리를 내면 술래가 쉽게 찾는다는 것을 인지하지 못한다는 것이다. 어디 숨어 있는지 이미 알면서도 엉뚱한 곳에 가서 찾는 척을 반복하다가 "못 찾겠다 꾀꼬리!"를 외쳐 주는 선생님과 달리, 정확한 음향감지 시스템으로 소리가 들리는 방향을 추적해 장애물을 피하면서 목표지점에 도달한 후 "찾았다!"를 외칠 수 있는 파페로는 숨을 죽이고 숨어 있는 아이들의 손에 땀을 쥐게 하는 긴장유도형 로봇 술래가 될 수 있을 것이다.

또한, 사람의 얼굴과 표정, 목소리, 터치 감각을 구별할 수 있어서 교실에서 다수의 아이들과 나눈 대화 내용과 아이들 각자의 취향까지 인식할 수 있다. "내가 그의 이름을 불러 주기 전에는 그는 다만 하나의 몸짓에 지나지 않았다. 내가 그의 이름을 불러 주었을 때 그는 나에게로 와서 꽃이 되었다. 내가 그의 이름을 불러 준 것처럼 나의 이 빛깔과 향기에 알맞은 누가 나의 이름을 불러다오." 김춘수 시인의 '꽃'과 같이 파페로 로봇 선생님의 '인식된 존재로서의 꽃'이 되는 것은 학생들에게 행복한 일이 아닐까.

파페로만의 차별화된 노하우를 공개하자면 적외선 분석 기술을 이용하여 수십 종류의 식품을 판별하고 그 식품의 성분과 품종을 식별할 수 있다는 것이다.[15] 분자마다 흡수하는 빛의 정도가 다르다는 성질을 이용하여, 대상 식품에 쏘아 반사된 적외선 성분을 분석하는 데 파페로가 세계 최초의 '미각 식별기능 보유 로봇'이라는 점에서 특별하다. 커피의 설탕 함유율과 식품의 신선도 체크까지 가능한 파페로 로봇 선생님이 학교급식실 보직교사로 발령되어 '학교급식 식중독 대란 사태'를 미연에 방지해 주길 기대한다.

2006년 5월 일본 니혼전기주식회사는 컴퓨터 그래픽으로 그린 파페로 3차원 화상에 현실 속 파페로의 기억을 인수하는

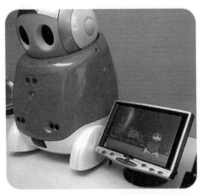
현실과 가상을 넘나드는 파페로.

기술을 개발했다. 현실에서뿐 아니라 컴퓨터그래픽(CG)에서도 파페로와 똑같이 대화할 수 있기 때문에 파페로 로봇 선생님은 현실과 가상을 자유롭게 넘나드는 '자유로봇'이다.[16] 컴퓨터에 비친 가상세계 파페로에게 말을 걸면 인터넷에 나만의 블로그까지 뚝딱, 만들어 주기 때문에 키보드를 조작할 필요가 없다. 이 시스템은 사용자가 파페로에게 하루의 사건들에 대해 이야기하면서 시작된다. 파페로는 이야기 속에서 키워드를 추출해 내용을 분석한다. 그리고 이야기 소재와 연관 있는 일러스트, 영상, 음악 등의 멀티미디어 콘텐츠를 인터넷상에서 탐색한 후 사용자 블로그에 업로드하고 편집한다.[17] 학습자들은 가상세계 파페로 로봇 선생님에게 핵심내용 분석, 멀티미디어 자료수집, 웹페이지 디자인 기술을 배울 수 있다. 만일 가상세계 파페로가 컴퓨터나 휴대폰에 들어가듯 현실세계 파페로 안에 탑재된다면 'TV속의 TV'를 능가할 '로봇 속의 로봇'도 등장하지 않을까.

생각대로 T(Teacher) 로봇 유로보

창작 활동은 새로운 뇌력(腦力)을 키워 준다. 전문가들은 업무에서 줄곧 문자만 상대하는 사람들에게 신문에 있는 사진이라도 오려 보라고 권유한다. 사진 속 사람들의 얼굴이면 얼굴 그대로를 오리면서 형태를 의식하게 되어 뇌에 새로운 자극을 주기 때문이다.

이디에서 개발한 유로보(Urobo)는 학생 손에 의해 프로그래밍되고 구동되는 맞춤형 로봇 선생님이다. 제자의 연구를 위해 자신의 부품을 기꺼이 내주는 현대판 유의태 선생이라 할 수 있을까. 2090년 로봇교육방송국에서는 2009년 살신성인형 로봇 선생님을 조명한 '유로보 특집 다큐멘터리'를 제작하여 미래의 이기적 로봇교사들에게 일침을 가하지는 않을지.

아낌없이 주는 로봇, 유로보는 고급언어를 배우지 않아도 각종 센서와 구동부의 연관관계를 파악하게 해 주고 잘못됐을 때 바로 문제점을 알려 줄 뿐 아니라 음성 및 영상인식 등 각종 센서 원리를 실습할 수 있도록 한다. 또한, 비주얼 C를 이용한 제어용 소스를 제공하기 때문에 학생이 로봇 선생님의 각 기능을 원하는 대로 제어할 수 있다.[18] 즉, 학생 마음대로 선생님을 좌지우지할 수 있으니 유로비는 '생각대로 T(Teacher)

유로보.

로봇'이다.

'생각대로 T(Teacher) 로봇' 유로보는 머릿속에 주입된 단편
지식 조각을 꿰맞춰 정연한 논리로 엮어 가려고 발버둥치는
주입식 교육을 타파한다. '데모(demonstration) 아니면 죽음이다.
권위를 의심하라. 어긋남을 존중하라. 자리 잡기를 거부하라'
는 디지털 혁명 전도사 니콜라스 네그로폰테의 모토를 지향한
다. 따라서 동일한 사고회로만 사용할 때 찾아오는 두뇌의 혼
란기, '슬럼프'를 대적한다.

유로보는 주로 대학생 혹은 대학원생들에게 현대판 유의태
선생이자, 가정에서는 가사도우미, 가정교사, 오락부장이며 길
거리에서는 교통경찰, 회사에서는 인턴사원이다. 이와 같이
유로보 로봇 선생님이 다양한 '사회적 역할'을 가지고 변신할

수 있는 것은 '유비쿼터스 기반 네트워크 로봇'이기 때문이다. 물이나 공기처럼 시공을 초월한 네트워크 연결이 가능하기 때문에 '어디선가 누구에게 무슨 일이 생기면' 연락받고 바로 해결해 주는 홍반장 아니, 유반장 로봇이다. 지그비(ZigBee)라는 무선통신 방식 덕분에 홍반장처럼 현장에 직접 출동할 필요도 없다. 외출 중에도 유반장 로봇에게 전화를 걸어 내가 원하는 대로 실내온도를 조절하거나 실내조명을 컨트롤할 수 있으니 내 생각을 그대로 재현해 주는 '생각대로 T(Teacher) 로봇'의 또 다른 모습을 보여 주는 것을 아닐까.

특수교육 로봇 선생님 파로

특수교육 분야의 훈련을 거의 받지 않은 앤 설리번(Anne Sullivan)은 눈이 보이지 않고, 귀가 들리지 않는 일곱 살배기 헬렌 켈러(Hellen Keller)를 가르치는 엄청난 일을 시작했다. 의사소통을 위한 설리번의 노력은 그 아이와의 정서적 투쟁에 의해 복잡해졌다. 앤은 아이의 행동에 민감하게 반응했고 "내가 해결해야 하는 가장 큰 문제는 그 아이의 정신을 깨뜨리지 않고 훈련시키고 통제하는 것이다. 지금 당장 서두르지 않을 것이다. 그녀의 사랑을 얻는 것이 먼저니까"라고 말한다. 사실 첫 번째 '기적'은 그 유명한 물 펌프 일화(헬렌 켈러와 앤 설리번이 만나고 2주 만에 벌어진 일)보다 훨씬 전에 일어났다. 앤은 헬렌의 집 근처에 있는 작은

집으로 헬렌을 데려갔다. 그곳에서 둘만의 시간을 보낸 지 7일 만에 헬렌의 성격은 변화를 겪었다. 앤의 교육에 효과가 있었던 것이다. "나의 마음은 오늘 아침 기쁨으로 충만하다. 기적이 일어났다. 2주 전의 사나운 어린 짐승은 온화한 아이로 변화했다."[19]

앤 설리번의 일화에서 엿볼 수 있듯이 사제(師弟) 간 '감정의 소통'이 이루어지는 그 순간부터 학생이 변화되는 기적은 시작된다. 과연 1886년 일어난 '앤 설리번의 기적'이 2009년 '파로의 기적'으로 재탄생될 수 있을까! 일본 산업기술총합연구소(AIST)에서 개발한 파로(Paro)는 기네스북에 등재된 세계 최초 심리치료로봇으로 환자의 기운을 북돋고 혈압과 맥박을 안정시키는 특수교육 로봇 선생님이다. 파로를 개발한 일본의 시바타 타카노리 연구진에 따르면 소아정신질환으로 반년 동안 침묵만 일관하던 어린이가 파로와 감정적으로 소통하면서 말문을 열게 되었다고 한다.

두뇌연구 결과 실어증(aphasics)은 뇌의 전두엽 손상으로 야기되는 증상이라고 한다. 전두엽은 자기성찰 및 대인관계 기능에 중요한 역할을 하는데, 전두엽 아랫부분이 손상되면 짜증을 잘 내거나 다행증(euphoria: 감정의 흥분장애로 여러 가지 기질적 뇌질환으로 나타남)을 야기하는 경향이 있고 윗부분이 손상되면 무관심, 무기력, 둔함 그리고 무감정증(우울한 기질을 드러냄)을 야기할 가능성이 높다.[20] 집에 들어가기 무섭게 텔레비전을 켜

심리치료로봇 파로.

거나 쉴 새 없이 휴대전화로 통화 하는 행위가 뇌를 원(one)패
턴화화여 전두엽의 단련을 막는다고 전문가들은 말한다.

복슬복슬한 털과 두꺼운 외피로 실제 바다표범 새끼를 만
지는 듯 매끈매끈 감촉을 지닌 파로는 감성이 배고픈 전두엽
손상 학생들을 지도할 수 있는 탁월한 기능으로 완전무장되어
있다. 빛이나 소리의 변화가 감지되면 황소 같은 눈을 껌벅껌
벅거리며 잠에서 깨기도 하고 껴안아 달라고 온갖 애교를 부
리기도 한다. 쓰다듬거나 간지럼을 피우면 눈을 살포시 감기
도 하고, 수염을 잡아당기면 싫다고 마구 짖기도 하며, 화를
내면 기 싸움에 질 수 없다는 듯 적반하장으로 대들기도 한다.
다섯 가지 고기술 센서를 이용해 낮과 밤을 구분하고 음성인
식과 온도측정이 가능하며 자신이 사람 품에 안겨 있는지도
인식할 수 있다.21)

특수교육 로봇 선생님 파로는 지도학생의 모습을 비치는 거울이 되어 자기성찰 기능을 회복시켜 주는 것 같다. 공격성을 지닌 유아의 행동을 녹화한 후 주인공에게 보여 주면서 자신을 성찰하게 하는 유아교육 방법에서 착안했을까. 하지만 파로는 첨단기술의 힘을 빌리지 않고 몸소 그 모습을 그대로 보여 준다. 파로는 학생과 오랫동안 함께 지내면서 학생의 성격에 따라 그의 성격도 달라지기 때문에 로봇 선생님이 너무 신경질적이고 괴팍하다고 불평할 수도 없다. 무조건 "내 탓이오. 내 탓이오" 하면서 내가 변화되는 수밖에 다른 도리가 없지 않은가. 이 세상에 존재하는 또 다른 나, 나의 분신─파로 로봇 선생님에게 길들여진다는 것은 곧 나 자신에게 길들여진다는 것을 의미 하는 것은 아닐까. 전두엽 신경세포들이 움츠린 날개를 펴고 나를 사랑하게 된 36.5도 심장까지 훨훨 날아갈 태세를 갖추기 시작한다면 '파로의 기적'을 맛보게 될 현대판 헬렌 켈러의 탄생도 기대해 볼 수 있겠다.

특기적성 로봇 선생님

'2008 바이오 로보' 출현 이후 카메라 플래시 세례를 받으며 월드스타로 자리매김한 '와세다 대학교 플루티스트(WF-4RIV)'는 정교한 움직임이 가능한 손가락과 인공입술 및 혀, 들숨과 날숨을 제어하는 아크릴 폐가 달려 있어서[22] 컴퓨터로 받은 음악정보를 플루트 연주자의 연주 알고리즘에 따라 그대로 소리낼 수 있다. 순환호흡과 빠른 핑거링(fingering)이 요구되는 림스키 코르사코프의 '왕벌의 비행'을 능청스런 표정으로 능숙하게 연주하는 모습을 보면 과히 월드스타라는 타이틀에 손색없는 연주로봇임을 인정하게 된다.

미세한 입술의 움직임은 물론 정교한 손놀림과 숨고르기를 인간과 흡사하게 재현하는 플루트 연주로봇은 우리가 피리를 연습할 때 자신의 연주를 들어 가면서 잘 안 되는 부분을 고쳐 나가듯 같은 방법으로 실력을 향상시킨다.23) 다시 말해 연주라는 동작 자체를 제어하는 기술과 연구한 음을 듣는 센서가 연주와 음보의 일치 여부를 확인하면서 틀린 연주를 교정할 수 있다.24) 이 훈련과정을 역추적해 보면서 운지법과 호흡법 그리고 플루트 연주의 하이라이트인 정교한 입술 움직임을 로봇 선생님에게 사사(師事)할 수 있지 않을까. 플루트 교수법에 대한 수수께끼가 플루트 연주로봇 연구를 통해 해명될지도 모르겠다.

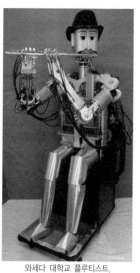

와세다 대학교 플루티스트.

2003년 뉴욕에서 열린 아트로봇(artbot) 전시회에서 독창적 예술 세계를 보여준 화가로봇 'MEART'는 전시장에서 무려 1,300킬로미터나 떨어진 애틀

랜타 조지아 공대 실험실에 있는 쥐의 뇌 신경세포에 꽂힌 전극이 내보내는 전기신호에 따라 붓을 움직이는 독창적인 회화 기법을 선보였다.[25] 화가로봇 MEART는 디지털카메라로 찍은 관객의 명암 이미지를 전기신호로 바꿔 쥐의 신경세포로 보내고 신경세포는 이 신호를 나름대로 인식한 후 새로운 전기신호를 발생시켜 전달하면 로봇 팔은 신경세포가 보낸 신호에 입각해 그림을 그린다. 이는 관객의 사진 정보에 대해 쥐의 뇌세포가 나름대로 해석한 작품이기 때문에 '쥐가 로봇 팔을 이용해서 그린 작품'으로 간주해도 전혀 무리가 없다.[26]

혹자는 로봇 자체도 과학을 이용한 진지한 예술 행위라며 로봇이 나름대로 세상을 인식하며 표현하는 창조적 예술 세계를 진지하게 바라볼 시점이 다가오고 있다고 말한다. 하지만 인간 내면의 삶과 정서, 경험과 상상, 이성과 감정이 결합된

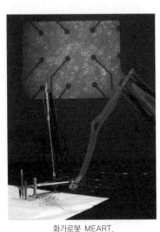
화가로봇 MEART.

화학적 산물인 예술적 감수성을 끌어올려 줄 수 있는 로봇 선생님이 과연 존재할 수 있을까. 사진을 분석해서 얼굴, 눈, 코, 입의 위치와 비율을 확인하고 선의 방향과 굵기가 이미 설정된 그리기 도구로 초상화를 그려주는 로봇 선생님에게 석고상 구도 잡는 법과 데생하

는 법을 암기하는 입시미술 레슨 정도는 부탁해 볼 수 있을지 모르겠다.

로봇 선생님의 지력혁명

다중지능 이론이 한국에서 명성을 얻게 된 데에는 다른 이유가 있을 것이다. 혹시 한국의 교육은 획일적인 방식으로 이뤄지는 게 아닐까 생각해 보았다. 즉 모든 아동들이 같은 것을 같은 방식으로 배우는 것이다. 그리고 학생들은 그들이 배운 방식에 얼마나 길들여졌느냐에 따라 보상을 받거나 벌을 받는다. 물론 이런 접근법은 학술적으로 재능이 있는 학생들에게는 효과적이다. 그러나 그들을 제외한 나머지 학생들에게는 그렇게 효과적이 못하다.[27]

— 하워드 가드너(Howard Gardner)

사람의 대뇌는 그림 구성, 음악, 풍부한 표현, 표정 읽는 일에 능숙한 우뇌와 말하는 일, 읽기와 쓰기, 계산, 소리인식에 뛰어난 좌뇌로 나누어져 있다. 우뇌 인간은 감정이 풍부하고 예술적 이미지나 발상, 또는 직감도 훌륭하지만 자기 멋대로이며 상식이 없고 원활한 커뮤니케이션을 할 줄 모른다.[28] 솜사탕 같은 사랑 고백으로 마음을 사르르 녹여 놓고 사소한 결정에도 타협할 줄 몰라 속을 부글부글 끓게 하는 타입이라고 해야 할까. 반면, 좌뇌 인간은 사회성이 풍부해 상식도 갖추고 있고 업무 능력도 정확하지만, 응용 능력이 서툴며 어떤 일에도 감동이 없고 새로운 것을 창조하지 못한다.[29] 구구절절 감동의 도가니에 담갔다가 바로 꺼낸 뜨거운 연애편지를 읽으며 맞춤법을 고치고 있는 사람을 상상해 보라.

하지만 순수토종 우뇌 인간 혹은 좌뇌 인간은 존재하지 않고 서로 다른 매력의 좌우 뇌가 밀고 당기며 상호보완 할 수 있기 때문에 편애 없는 자극이 필요하다. 암기 시스템 용량 초과 과부하 오류를 야기하는 주입식 교육은 좌뇌만 집중 공략하니 우뇌의 대반란이 시작될지 모른다. 이때, 로봇 선생님을 현장에 투입하면 뇌 신경회로 간의 동맹휴업 결의로 영구 파업 위기에 놓인 우뇌의 반란을 막을 수 있을까. 과연 로봇 선생님은 우리 뇌를 어떻게 자극하면서 지력(知力) 혁명을 진두지휘할까?

하버드대 하워드 가드너 교수는 4분이라는 짧은 시간 동안 남녀노소를 막론하고 동일한 문항과 형식에 '예' 혹은 '아니요'로만 답하는 IQ검사에 대항하여, 인간은 '빨주

노초파남보' 무지개와 같이 다양한 색깔의 8가지 지능(음악지능·신체운동지능·논리수학지능·언어지능·공간지능·인간친화지능·자기성찰지능·자연친화지능)을 가지고 있다는 다중지능(Multiple Intelligence) 이론을 주창했다.[30]

하워드 가드너 교수.

그렇다면 로봇 선생님은 어떻게 '내 안에 숨겨진 여덟까지 보물'을 발굴하여 뇌테크에 도움을 주는 것일까?

멀티형 로봇 선생님의 노래방 기능과 음악 감상 기능, 특기 적성 로봇 선생님의 플루트 연주 기능과 교수법 역추적 기능으로 음과 박자를 느끼고 창조할 수 있을 때, 첫 번째 숨겨진 보물인 음악지능이 발달한다. 정확한 음정·박자 감각과 수준급의 노래 실력을 소유한 '노래방 가수'도 음악지능이 높은 머리 좋은 사람이라고 할 수 있다. 음악적인 기술은 자연적인 언어만큼 뇌 속에 분명하게 위치하고 있지는 않지만 뇌의 우반구에서 담당하고 있는 것은 분명하다고 한다.[31] 미·적분, 확률·통계, 삼각함수, 옴의 법칙, 샤를의 법칙, 보일의 법칙 등을 마구잡이로 집어넣어 좌뇌 비대증에 걸린 우리 아이들에게 필수불가결한 자극이 되지 않을까.

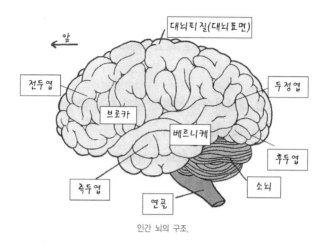

앞 ←

대뇌피질(대뇌표면)

전두엽

브로카

베르니케

두정엽

후두엽

측두엽

연공

소뇌

인간 뇌의 구조.

　안내로봇 선생님과 미로탈출 게임을 하면서, 엔터테이너로봇 선생님의 온라인 스포츠 게임을 즐기고, 무용로봇 선생님의 동작 센서에 맞춰 각을 살린 댄스를 춘다면 두 번째 보물, 신체운동지능이 발달한다. 손이나 손가락처럼 세세한 근육의 움직임을 조절하는 능력도 신체운동지능에 포함되기 때문에, 정교한 손놀림으로 나만의 로봇 선생님을 창작하거나, 연주로봇 선생님과 함께 통합된 신경적·근육적 움직임, 즉 악기 연주를 할 때에도 신체운동지능이 발달한다고 볼 수 있다. 신체 움직임을 통제하는 일은 뇌의 대측(contralateral side)이나 각각의 반구에 자리 잡은 운동피질이 담당한다.32) 춤짱도 두뇌짱!33) 좌뇌짱만 두뇌짱 노릇하는 일짱 독재 체제를 타도하자!

　생각대로 T(Teacher) 로봇을 자유자재로 프로그래밍하면서 논리가 생명력인 로봇언어 알고리즘을 체득하거나, 체스로봇 행마법에 따라 달라지는 경우의 수를 따져 볼 때, 또는 로봇 선생님이 내는 수수께끼를 풀면서 산발적으로 떠오르는 개념들을 범주화하고 답을 유추해볼 때, 세 번째 보물 논리수학지능이 발달할 수 있다. 뇌의 영역 중 전두측두엽의 언어 영역은 논리적 연역에 중요한 역할을 하고, 두정엽의 시공간 영역은 수의 계산에 보다 중요한 역할을 한다.[34] 흔히 이 지능이 높으면 '똑똑이'라고 부르지만 오로지 이 지능만 높으면 '바보 똑똑이(idiot savant)'[35]가 될 수 있으니 논리수학지능의 과속 스캔들만은 막아야 하지 않을까.

로봇 선생님의 동화책 읽기, 단어퍼즐 게임, 수수께끼와 유머, 영어자막, 모국어 및 외국어 대화 기능 등은 네 번째 보물, 말재주와 글 솜씨로 또 다른 세상을 만드는 능력인 언어지능을 발달시킨다. '언어중추'라고 불리는 뇌의 두 특정 부분, 브로카(broca) 영역과 베르니케(wernicke) 영역이 언어지능을 관장한다. 브로카 영역은 뇌의 전두엽 부분에 있으며 언어를 쓰고 말할 때 사용하고, 베르니케 영역은 브로카 영역보다 약간 뒤쪽(귀 부분)에 있으며 언어의 의미를 이해하고 해석하는 기능을 담당한다. 따라서 브로카 영역이 손상되면 다른 사람의 말을 모두 알아듣지만 자신은 대꾸할 수 없는 반면 베르니케 영역이 손상되면 단어는 잘 말하지만 조리 있는 문장으로 말하지는 못한다.[36] 언어지능은 선천적으로 타고난 보편적 능력이라고 말할 수 있겠지만, 언어가 단순 의사소통의 도구가 아닌 자기실현 그 자체인 '존재의 집'이 될 때 천 냥 빚을 갚고도 남을 수 있다.

로봇 선생님의 도움을 받아, 원근법과 명암대조법으로 친구 얼굴 그리는 법, 일러스트 요리조리 배치해 가며 나만의 블로그 꾸미는 법, 변화무쌍한 체스 게임에서 추상적이고 기하학적인 기억력을 총동원하는 법, 눈에 보이지 않는 생각대로 T(Teacher) 로봇을 상상하고 디자인하는 법 등을 연마할 때 다섯 번째 보물, 공간지능이 발달한다. 백지 위에 나만의 세계를 창조하는 상상의 힘인 공간지능은 자폐증 소녀임에도 불구하고 정확한 구상력과 탁월한 기교로 그림을 그리는 어린 나디아(Nadia)를 통해 명확히 드러난다. 공간지능은 우측 대뇌피질의 뒤쪽 영역에서 관장하기 때문에 이 부위가 손상되면 위치를 찾거나, 얼굴 또는 장면을 인지하거나, 세부를 식별하는 능력이 떨어진다.[37] 오지선다형 시험처럼 딱 떨어지는 정답이 없는 변화무쌍한 인생 게임에서 승리하려면, 목표달성을 위한 '마음의 전략서'를 그리며 문제해결 능력을 키워 줄 공간지능 실탄을 날마다 장전해 놓아야 하지 않을까.

로봇 선생님의 스킨십으로 감성의 허기를 채우고, '인식된 존재로서의 한 송이 꽃'이 되면서, 내면의 거울에 비친 자신을 돌아볼 수 있다면 여섯·일곱 번째 보물인 인간친화지능과 자기성찰지능이 발달한다. 상대의 기분, 성향, 의도, 욕구 등을 간파하면서 따뜻한 가슴으로 이해하는 인간친화지능과 자신의 심리와 정서를 파악하고 감정과 행동을 조절하는 자기성찰

지능은 우리 뇌의 전두엽 부분과 연관이 있다. 전두엽 앞쪽 부분이 손상을 입으면 자폐증이 나타나고, 전두엽 하부에 손상이 오면 자아도취, 초초감 등이 생기며, 전두엽 상부 손상은 무관심과 태만감, 그리고 우울증의 한 종류인 냉담함을 유발시킨다.[38]

　로봇 선생님의 첨단 멀티미디어 기술로 아프리카 초원학교에 초대되어 청명한 하늘의 푸르름과 드넓은 야생의 광활함을 만끽하고, 로봇 선생님의 사이버스페이스를 도화지 삼아 자연을 모티브로 얻은 창조적 발상을 그래픽디자인으로 표현할 때, 여덟 번째 보물, 자연친화지능이 발달한다. 동·식물의 특징 뿐 아니라 문화적 산물의 차이를 구별하는 능력도 포함하는 자연친화지능은 부모보다 공룡의 종류를 명확하게 구별하는 아동이 비슷한 모양의 자동차에도 뛰어난 패턴인식능력을 보이는 것을 통해 드러난다. 세상이 온통 호기심 천국인 시기를 지나 유독 공룡이나 자동차와 같은 특정 사물에 열광하는 유아는 자연친화지능이 높은 경우다. 자연친화지능은 가장 늦게 발견된 지능으로 아직 충분한 연구가 이루어지지 않아 뇌의 어떤 부분이 관장하는지 명확히 밝혀지지 않았지만, 지속적인 연구와 노력을 통해 머지않은 미래에 그 수수께끼가 해명될 것이다.

로봇 선생님의 미래

인터랙션으로 교감지수를 업(UP)하라!

인생이란 이런 것이다. 교차되는 삶과 우발적인 사건들의
연속. 누구도 제어할 수 없는. 시간은 끊임없이 상호작용에
의해 흘러간다. 우리는 모두 독립된 개인이지만 언제나 상
호작용하고 있다.

- 영화 <벤자민 버튼의 시간은 거꾸로 간다> 중에서

눈부신 5월의 토요일 오후. 창틈으로 쏟아지는 따스한 햇
살을 머금고 침대에 한가로이 누워 『로보트 태권 V』를 보
고 있는 한 아이. '스르르…… 스르르……' 그 고요함을

뚫는 인기척에 살짝 고개를 돌리니, "난 네 M이냐구? 아니, 난 네 T(Teacher)다!"

「아동과 홈로봇 상호작용 분석」[39]이라는 논문에서는 아동이 눈앞에 갑자기 등장한 낙하산 로봇 선생님과 인터랙션(interaction)[40]하면서 어떤 심리적 변화를 경험하는지 알아보기 위해 '홈로봇 상호작용 BEFORE vs. AFTER' 라는 흥미진진한 실험을 진행했다. 심리를 표현하는 도구인 '미술'을 매개로 아동의 심리상태를 엿보는 것이다.

아동 A의 그림에는 하늘색으로 채색된 로봇이 딱딱한 가구들과 함께 방에 덩그렇게 놓여 있다. 직사각형 이불이 바닥에 반듯하게 놓여 있고 벽에는 정사각형 창문 두 개가 그려져 있다. 그런데 그 방에 '나'는 없다. 사람은 아무도 없다. 하늘색이 주는 의미와 같이 순응적으로 로봇을 받아들인다. 로봇은 반듯하게 놓여 있는 가전제품과 같이 '나'와는 상관없는 육중한 기계일 뿐이다. 그림의 제목은 '집안일을 하는 로봇.' 그렇다면, 로봇과 인터랙션이 일어난 후 A 아동의 심리에는 어떤 변화가 생겼을까? 로봇은 생동감을 나타내는 주황색으로 옷을 갈아입었다. 네모나고 각진 가구들은 온데간데없고 푹신푹신한 소파가 놓였다. 이 그림의 주인공은 로봇과 '나'이다. 로봇 얼굴에는 눈, 코, 입이 생겼다. '나'와 교감하는 로봇이 된 것이다. 두 팔과 다리 하나를 번쩍 들고 환하게 웃고 있는 '나'에게 무언가를 이야기 하고 있다. 생기발랄 로봇이 '나'와 소통하며 '나'에게 해피바이러스를 전하고 있는 것 만 같다. 이 그림의 제목은, <아이로비와 함께 재미있는 공부를 해 봐 요!>

아동 B의 그림은 로봇을 제외한 모든 공간이 자주색으로 빽빽하게 칠해져 있다. 불안정과 고립을 드러내는 색체와 형 태로 로봇에 대한 삼엄한 경계태세를 갖추고 있는 것만 같다. 빈틈없이 색칠된 배경에서는 답답함이 밀려오고 그 안에 갇혀 있는 로봇은 자주색이 내뿜는 카리스마에 눌려서 오도가도 못 하고 있는 것만 같다. 아동 B 역시 로봇은 '나'의 생활 영역과 는 동떨어져 있으면서 불안과 공포를 불러일으키는 '공공의 적'으로 인지하는 듯하다. 하지만 '로봇과의 인터랙션 그 후', 밝은 느낌의 파랑로봇은 갑갑한 자주색 감옥을 벗어나 평범해 서 더 소중한 한가로운 일상에 등장했다. 로봇 우측에는 부드 러운 기와무늬 우리 집이 있고 좌측에는 보글보글 파마한 나 무 한 그루가 맑은 산소를 뿜어내고 있다. '나'의 심리 공간 안에 로봇을 기꺼이 초대한 것이다.

'로봇 선생님과 인터랙션 그 후', 아이들은 로봇 선생님을 '단순 도구'에서 '대화 상대'로, '기계'에서 '학습 도우미'로, '무의미한 존재'에서 '놀이 상대'로, '단순 사물'에서 '생명체' 로 인식하기 시작했다. 기존의 온라인학습 콘텐츠와는 다른 로봇 선생님만의 차별화 전략이 있다면 양방향 소통의 인터랙 션이라고 할 수 있다. 인터랙션을 통해 로봇 선생님과의 교감 지수가 높아지고 우리 뇌 속에 '지식기억'으로 저장되던 내용들이 '경험지식'으로 변환될 수 있다면 시험시간마다 머릿속에 주입된 지식 조각들을 억지로 꿰맞춰 정답을 이끌어 내기 위해 안간힘 쓰는 헛수고를 덜 수 있지 않을까. 인터랙션이 뫼비우스의 띠와 같이 양방향으로 순환하듯 우리 뇌의 '경험기억'들도 현재와 과거를 연관 지으며 유기적으로 상호작용하기 때문이다.

'로봇 선생님과 인터랙션 그 후 Ⅱ'로 소개하고 싶은 또 하나의 연구가 있다. '교사 보조 로봇의 교육적 활용에 대한 연구'[41]에서 조사한 '로봇 선생님 활용 최적합 교과목 BEST 3'에 영어교과, 국어교과, 음악교과가 현직 선생님들에 의해 선정된 것이다. 다른 과목들을 가볍게 제치고 이 세 교과가 영예의 3위 안에 등극할 수 있었던 이유가 무엇일까? 그 해답을 로봇 선생님의 차별화된 노하우, 바로 인터랙션에서 찾아보고 싶다. 국어와 영어 같은 언어교과에서 인터랙션은 아무리 강조해도 지나치지 않는 '필수 그 이상'이다. 언어는 기본적으로 소리다. 소리를 배울 때는 직접 듣고 말하면서 자연스럽게 체득해야 하는데 인터랙션이 바로 '이야기를 듣고 말하며 상호작용하는 행위'가 아니겠는가. 언어는 생각을 담는 그릇이다. 언어는 우리의 문화가 송두리째 녹아 있는 유기체다. 따라서 언어를 배우는 것은 단순히 읽고 쓰는 법을 배우는 것과는 비교할 수 없는 정교하고 복잡한 고등 정신활동이다. 그렇기 때문에 언어교과에서는 우리 뇌 속에 뻗어 있는 수많은 학습회로가 하나의 유기체와 같이 필연적 관계조직망을 형성할 수 있도록 끊임없이 자극해야 한다. 이 때, 원인·결과적 상호작용으로 이루어지는 로봇 선생님의 인터랙션은 필연적 관계성을 통하여 언어를 하나의 유기체로 형성해 나가는 데 훌륭한 자극제가 될 수 있을 것이다.

그렇다면 음악의 경우는 어떠할까? '언어교과 vs. 음악교과' 언뜻 보기에는 두 영역 사이에 그럴듯한 공통점이 없는 것 같다. 오히려 우리나라 교과과정에는 '수능 출제 영역 vs. 수능 비(非)출제 영역'이라는 어마어마한 차이만 존재할 뿐이다. 하지만 음악도 언어와 같이 인간의 사상, 감정, 정서, 문화, 삶 등이 녹아 있는 '가치 창조의 보고(寶庫)'임을 깨닫는 순간 고개를 끄덕이게 된다. 따라서 로봇 선생님과의 인터랙션은 음악교과에서도 빛을 발한다.

개인적인 경험을 비추어 볼 때 영어 학습과 피아노 학습과정에 매우 흡사한 알고리즘이 적용된다고 생각한다. 영어를 배울 때 '문법'이라는 한정된 규칙을 숙지하면 주어, 동사, 목적어 등을 파악하면서 새로운 문장을 이해하고 말할 수 있다(단어를 알고 있다는 전제하에). 피아노를 배울 때 '화성법'이라는 한정된 규칙을 알고 나면 C 코드, F 코드, G 코드 등을 파악하면서 새로운 곡을 이해하고 연주할 수 있게 된다(음표의 길이, 박자, 계이름을 알고 있다는 전제하에). 학습한 문법으로 새로운 문장을 만드는 것은 학습한 화성학으로 새로운 소절을 만드는 것과 대응되지 않을까. 단어는 문법에만 맞으면 마음대로 바꿀 수 있듯이 음표의 성질(박자·리듬·가락)은 코드 진행에만 맞으면 마음껏 바꿀 수 있다. 더욱이 영어 단어에도 음표와 같이 강세가 주는 박자, 길이가 주는 리듬, 억양이 주는 가락이 존재하니 영어 단어와 음표가 다시 한 번 일대일 대응한다. 영어를 배울 때 단어·문법 암기를 기본으로 이미 만들어진 영어 문장을 여러 차례 반복하여 읽고 외우면 자연스럽게 실력이 향상되듯, 피아노를 칠 때도 음표와 코드 암기를 기본으로 이미 창작된 『하농』이나 『체르니』 같은 기본서를 여러 차례 반복하여 연습하면 처음 읽는 악보도 자연스럽게 연주하고 새로운 곡을 만들 수도 있다. 영어를 말할 때 단어 하나하나에 집중하기보다 전체적인 글의 흐름을 생각하며 의미전달에 초점을 맞추듯이, 피아노를 연주할 때 음표 하나하나에 집중하기보다 전체적인 곡의 흐름을 생각하며 감정 전달에 최선을 다한다. 영어의 유창성이나 피아노 연주력 모두 꾸준한 반복훈련으로만 가능하며 중도에 멈추면 감각을 잃게 되어 회복하기 어렵다. 그리고 두 영역 모두 소리가 기본이기 때문에 로봇 선생님의 양방향 인터랙션은 학습자 안에 내재된 언어적·음악적 감각을 자극하면서 내면세계를 아름답게 가꾸어 갈 수 있게 해 준다.

　로봇 선생님의 인터랙션은 교과목의 국경을 초월하여, 잠자고 있는 능력을 깨우는 마지막 2퍼센트의 힘[42], 바로 '동기'를 높여 준다. 동기에는 내면 깊은 곳에서 솟구치는 '하고 싶은 마음 그 자체'인 '내적동기'와 부모님이나 선생님의 압력 혹은 칭찬, 경쟁에서의 승리, 대학입학과 같이 '무엇을 위한 움직임'인 '외적동기'가 있다. 로봇 선생님의 인터랙션은 호기심을 자극하며 스스로 하고자 하는 내적동기를 선물로 준다. 『죽은 시인의 사회』의 키팅 선생님의 '카르페디엠(Carpe Diem)! 현재를 즐겨라! 독특한 인생을 살아라!'라는 속삭임과 같이.

하지만 우리나라 교육계에는 '내적동기 클리닉 추진위원회'를 설립해야 할 만큼 '외적동기 비대증'에 몸살을 앓고 있다. '국제학생평가프로그램(PISA)'[43]에 따르면 우리나라는 핀란드와 함께 학습능력 상위 국가로 우뚝 서 있지만 학습동기와 열의 부문에서는 바닥을 치며 최하위를 면치 못하고 있다고 한다. 해님반, 달님반, 별님반에서 예쁜 꿈을 꿔야 할 유아조차도 "왜이래! 나, 우리 유치원 민사고반이야!"라고 자랑하고 다니는 판국이니 제2의 새마을운동으로 '범국민 외적동기 퇴치운동'이라도 벌여야 하지 않을까.

우리나라 교육계를 잡고 뒤흔드는 '일류대 입학 외적동기'는 하루아침에 갑자기 생겨난 것은 아니다. '도전 골든벨, 씽크 코리아!(THINK KOREA)' 역사 탐방의 기회가 주어진다면 시대를 거슬러 올라가 잃어버린 우리의 소중한 교육문화유산, 내적동기를 되찾고 싶다. 자아실현과 입신양명을 삶의 목표로 여겼던 조선 시대의 선비중심 교육 체제에서는 사회적 차별의 1차 기준을 개인이 획득한 능력에 두고 있었기 때문에 과시(科試) 위주의 교육열이 뜨거울 수밖에 없었다. 개화기 이후 서양식 교육제도가 소개되면서 신식 교육기관이 문을 열었지만, 기존에 뿌리내린 입신양명의 교육관이 어떻게 하루아침에 바뛸 수 있겠는가? 엎친 데 덮친 격으로 신분제도가 무너진 후 기회의 문이 활짝 열렸다며 오히려 너도나도 교육을 입신양명의 수단으로 이용하기 시작한다. 우리 역사의 뼈아픈 과거인 일제 강점기에는 양명을 실현할 국가적 무대가 없었기 때문에 교육의 목적이 입신양명에서 현세 출세로 바뀐다. 해방 이후에도 출세를 위한 간판을 따기 위해 고등교육기관의 문을 두드렸고, 6·25전쟁 이후에도 세속적 권력, 금력, 학력을 최고의 출세라고 여겼기 때문에 무조건 열심히 공부했다. 1960년대 중반 이후 국민소득 증가와 함께 교육비 부담 능력이 증가되면서 학부모들의 거센 치맛바람, 고액과외, 지나친 사교육 조장, 조기유학 열풍, 기러기아빠 문제 등……44) 우리나라 교육의 역사는 '외적동기의 역사'라 해도 과언이 아닐 것이다.

외적동기의, 외적동기를 위한, 외적동기에 의한 교육. '외적동기 비대증'에 걸린 우리나라 교육계에 대대적인 수술을 시작하려면 외적동기 항원에 대항할 내적동기 항체를 키워야 한다. 왜냐하면 외적동기와 내적동기는 '환경보존과 개발', 'TV 시청과 독서', '사회활동과 육아'와 같이 하나가 흥하면 하나는 쇠하여 모두를 취할 수 없는 두 마리 토끼이기 때문이다. 아이들에게 외적동기라는 가짜 토끼를 손에 쥐어 주면서 내적동기라는 진짜 토끼를 놓아 버리게 만든 한 할아버지의 예화 속에서 두 동기 사이의 반비례 상관관계 법칙을 찾아보자.

혼자서 조용히 살고 있는 노인이 있었다. 그런데 동네 꼬마들이 매일 오후만 되면 집 앞에서 시끄럽게 놀아서 견딜 수 없었다. 동네 꼬마들을 조용하게 하는 방법이 없을까 고민하던 노인. 드디어 좋은 방법이 떠올라 아이들을 불러 모았다. "애들아! 내가 너희들이 즐겁게 노는 소리가 듣고 싶지만 귀가 들리지 않아 들을 수가 없구나. 매일 우리 집 앞에 와서 큰 소리로 떠들어 주면서 놀아 줄 수 없겠니? 그렇게 해 준다면 내가 한 사람에게 25센트씩 주마." "정말이요? 야 신난다! 당장 내일부터 할게요." 꼬마들은 약속대로 다음 날 노인 집 앞에 와서 정말 시끄럽고 요란스럽게 놀았다. 노인은 약속한 대로 25센트씩을 주면서 다음 날에도 또 와서 놀아 달라고 말했다. 시끄럽게 논 대가로 25센트씩을 받고 기분 좋아진 아이들은 그 다음 날에도 약속대로 시끄럽게 놀았다. "이 할아버지가 돈이 떨어져서 약속했던 25센트를 줄 수 없구나. 오늘은 20센트씩만 줄게. 내일 또 와서 놀아 주면 좋겠구나." "네 알겠어요!" 약속한 돈을 받지 못해 조금 기분은 나빴지만 꼬마들은 다른 날에도 노인의 집 앞에 와서 시끄럽게 놀았다. 그러나 노인은 이번에는 아이들에게 15센트밖에 주지 않았고, 다음날에는 10센트, 그 다음날에는 5센트만을 주었다. 그러자 화가 잔뜩 난 아이들은 이렇게 말했다. "이제 다시는 오지 않겠어요. 우리는 하루에 5센트만 받고서는 떠들 수 없어요." 꼬마들은 다시는 노인 집 앞에 와서 시끄럽게 떠들지 않았고, 노인은 조용하고 평화롭게 지낼 수 있었다.[45]

위의 예문에서와 같이 '진정으로 재미있는 일'이 '무엇을 위해 해야 하는 일'로 바뀌었을 때 그 일에 대한 재미, 흥미, 즐거움, 의욕 등이 사라진다. 하라면 하기 싫고 하지 말라면 더 하고 싶은 것이 인간 본연의 마음인 것일까. 사랑도 반대가 심할수록 더 애틋하고 신앙도 핍박이 있을 때 더 강하지 않은 가. 게다가 창조적 인재 한 명이 만 명을 먹여 살릴 수 있는 이 시대에 이와 같은 외적동기가 창의력까지 위협한다고 하니 그저 강 건너 불 보듯 구경만 하고 있을 때가 아니다.

'범국민 내적동기 살리기 운동'의 선두주자로 인터랙션이 강한 로봇 선생님을 강력 추천한다. 상호작용과 몰입을 유도하는 '스토리텔링'의 옷을 입게 되면 인터랙션의 파워는 더 강력해진다. '이야기를 들려주는 활동, 이야기가 담화로 변화는 과정'이라는 사전적 의미의 스토리텔링은 이야기를 디지털 영상, 텍스트, 음성, 사운드, 음악, 비디오, 애니메이션과 같은 다양한 매체를 통해 공유하면서 상대방에게 알리고자 하는 바를 생생하고 재미있게 전달하는 것을 뜻한다. 따라서 멀티미디어 기능을 탑재하고 있는 로봇 선생님이 스토리텔링의 옷을 입으면 이야기 속으로 빠져 들어가는 '몰입'과 서로 교감하며 상호작용하는 '인터랙션'을 불러일으키면서 학습자의 감성을 자극하고 상상력을 증대시킬 수 있다. 이와 같이 스토리텔링에는 동일한 내용(contents)을 인간의 감성을 자극하면서 '재미 욕구'를 충족해주는 묘한 마력이 있다. '이야기로 재미 주면 감동받아 지갑 연다!'[46] 불황에 꽁꽁 언 소비심리를 '스토리텔링 마케팅'으로 공략할 수 있는 이유도 여기에 있다. '까칠한 주관적 자막의 힘! 웃음의 재벌구이!'[47] 예능 프로에서 촌철살인(寸鐵殺人)의 자막을 보여 주거나 깐족, 호통, 비호감, 비굴 등의 캐릭터를 구축하는 것 역시 '스토리텔링 채널고정 마케팅'이 아닐까.

그렇다면 교육이 스토리텔링을 만났을 때는? '스토리텔링 한글 교육'을 시도했을 때, 신데렐라 역할극 중 꼬마 제자 소망이는 새엄마인 나에게 할 일을 산더미같이 주고 파티에 가라고 했다. 나는 '이때가 바로 기회다'라는 생각에, "신데렐라, 너! 엄마가 언니들이랑 파티 다녀오는 동안 한글쓰기 노트 큰소리로 읽으며 다 채워 놔! 알겠지?" 그리고는 유유히 방을 빠져나왔다. "나도 파티에 가서 왕자님이랑 같이 춤추고 싶은데…… 새 엄마가 이거 다 해 놓으라고 했으니 빨리 해야겠다……." 슬픈 표정을 짓더니 가만히 연필을 들었다. 그리고는 '가, 갸, 거, 겨, 고, 교, 구……' 큰 소리 내어 읽으면서 무려 노트 세 장을 순식간에 써 내려가는 것이 아닌가! 공부하자고 노트 펼치면 얼레고 달래야 겨우 두세 줄 쓸까 말까 했던 아이가 순식간에 세 장을 써 내려가는 것을 보며 입을 다물지 못했다. 소망이는 학습하지 않았다. 단지 신데렐라 역할에 충실했을 뿐이다. 이것이 바로 스토리텔링의 힘이다!

KAIST가 2010년도 입시부터 '수능성적 NO! 경시대회 실적 NO! ONLY 교장 추천과 심층면접 OK!'라는 파격적인 입시 개혁을 발표했다. 사교육으로 만들어진 '점수기계'보다는 사랑하는 일에 몰두할 줄 아는 '창의력의 보고(寶庫)'를 뽑겠다는 뜻이다. 다시 말해, '좋아서 파고들기'라는 내적동기 항체로 '점수 높이기'라는 외적동기 항원을 과감히 파괴할 수 있는 신입생을 발굴하겠다는 의지가 아닐까. 내적동기를 자극하는 스토리텔링 로봇 선생님이 장안의 명강사로 등극할 날도 머지않을 것 같다. 만일 '로봇 선생님과의 인터랙션'이 입학전형 요소로 추가될 수 있다면 이번 개혁의 관건인 '공정성 확보'에도 힘을 실어 주지 않을까. 로봇 선생님의 장밋빛 미래를 꿈꿔본다.

굿모닝 로봇 선생님

"학부모 교육행복지수 F학점"(2009.2.3. 「한겨레」)

"사교육비 20조 9,000억 규모. 성적 높을수록 사교육비 지출 많아"(2009.2.27. 「더데일리」)

"쪼들려도 영어 사교육비는 폭증"(2009.2.28. 「한국일보」)

"역시 돈의 '힘'…… 상위권 학생 사교육비 하위권의 2.4배"(2009.2.27. 「한국경제신문」)

"사교육비 강남·북 양극화 3,304만 원 vs, 657만 원, 같은 서울인데……"(2009.3.6. 「서울경제」)

"학원 없이 망하거나 죽지 않고 살 수 있겠나"(2009.3.6. 「한겨레21」)

우리나라에 영어 광풍이 휘몰아치고 있다. 사회면을 장식하고 있는 교육관련 신문기사 제목만 보아도 곳곳이 온통지뢰밭이다. 영어점수를 성공의 보증수표로 여기는 부모들의 맹목적 신념은 '대한민국 영어 사교육비 세계 1위, 실력은 밑바닥'이라는 안타까운 결과를 초래하고 말았다. 영어교육에 대한 부모들의 막연한 불안감과 초조함을 해소하기위해 어린아이들을 방학 동안 해외 단기연수로 내몰고 있는가 하면, 정확한 [r] 발음을 위해 혓바닥 절개 수술까지 강행하고 있는 실정이다.

하지만 전문가들은 단기 영어연수 프로그램의 경우 새로운문화 체험 측면에서는 유익할지 모르지만, 어학실력 향상 측면에서는 큰 효과를 기대하기 어렵다고 말한다. 몸은 외국에나가 있으나 주변 환경은 한국과 크게 다르지 않기 때문이다.숙명여자대학교 영문과 황선혜 교수는 한 인터뷰에서 "미국에서 연수하는 동안 연수 프로그램을 조사한 적이 있는데 한 반정원 12명 중 한국 학생이 10명인 반도 있었습니다. 일반적이진 않겠지만 그 같은 상황에서 영어가 늘지 회의적입니다."[48]라고 말하기도 했다. 혓바닥 절개 수술 역시 영어로 의사소통하는 데 있어서 발음보다 강세(stress)나 억양(intonation)이 훨씬중요하다는 사실에 비추어 볼 때 진정 중요한 것은 놓치고 겉으로 드러나는 것에만 치중하는 것은 아닌지 생각해 본다.

영어교육열이 거의 종교 수준으로 치닫고 있는 이때에 로봇 선생님이 위기에 빠진 대한민국을 구할 수 있다면! 사실 영어교과가 '로봇 선생님 활용 최적합 교과목 BEST 3'에서 대망의 1위를 차지했듯이 영어교육 무대야말로 로봇 선생님이 최고의 역량을 발휘할 수 있는 곳이기도 하다.

만약 로봇에게 외국인 강사를 대신해 양방향 커뮤니케이션을 주도할 능력이 주어진다면 이로 인한 사회적 비용의 절감 효과는 실로 엄청날 것이다. 현재 실용화된 퍼스널 로봇 기술은 인공지능에 기반한 대화 선택과 음성인식 기능, 상대방을 고려한 감정표현, 보디랭귀지까지 가능한 수준에 근접하고 있다. 특히 영어권 국가들은 로봇기반 어학교육의 핵심기술인 자연어 처리 분야에서 여타 언어권을 훨씬 앞서가고 있다. 따라서 외국어를 가르치는 강사로봇의 출현은 기술적으로 충분히 가능하며 그중 영어강사 로봇은 상업적으로 성공할 가능성이 가장 높은 로봇 아이템이다. 이 어학강사 로봇을 집에 들여 놓으면 마치 외국인 가정교사를 두는 것과 유사한 교육 효과를 얻게 된다. 집안에서 하루 종일 영어로 조잘거리는 어학강사 로봇과 한 반년만 같이 생활하다보면 바보가 아닌 이상 간단한 영어회화쯤은 저절로 터득할 것이다. (중략) 앞으로 쓸 만한 어학강사 로봇이 실용화된다면 국가 경쟁력을 갉아먹는 고비용 저효율의 외국어(주범은 영어) 교육시장에 일대 혁신을 가져올 것이 틀림없다.[49]

언어학자들은 외국어를 원어민처럼 습득하기 위해서 필히

그 언어에 노출되어야만 하는 특정 시기가 있다는 '결정적 시기 가설'[50]을 주장한다. 그 결정적 시기를 사춘기라고 볼 때, 사춘기 이후 외국어를 습득하면 모국어 화자의 언어실력과 동등한 능력을 얻을 수 없다는 결론이다. 하지만 '원어민처럼 (native-like)'이란 정확하게 무엇을 의미하는 것일까? [r] 발음은 혀를 잘 굴려주고, [f] 발음은 입술을 잘 물어주고, [θ] 발음은 윗니와 아랫니 사이에 혀를 잘 내밀어 '발음이 좋다는 것'을 의미하는 것일까? 원어민과의 의사소통에 문제가 없을 만큼의 언어구사력을 가지고 있다는 것을 의미하는 것일까? 그렇다면, 몇 단어를 알아야 하며, 대화의 범주는 어디까지 인가? 사실 '원어민처럼'이란 말을 명확하게 규정짓기 어려울 뿐 아니라, 사춘기 이후 외국어를 배웠더라도 피나는 노력으로 모국어 화자 못지않은 실력을 갖춘 사례들이 소개되면서 단지 하나의 가설일 뿐 이론은 아니라고 반박하기도 한다.

하지만 부모들이 자신이 겪은 시행착오만큼은 물려주고 싶지 않아서 영·유아는 물론 심지어 태아에게까지 영어 조기교육 열을 올리고 있는 것을 보면 '결정적 시기 가설'은 이미 기정사실화된 것 같다. 1997년 「디스커버(Discover)」 10월 호에 신경과학자 조이 허쉬(Joy Hirsch)와 칼 킴(Karl Kim)이 발표한 「이중언어 브레인(The Bilingual Brain)」 논문에 따르면 어린 시절 모국어와 함께 외국어를 배운 경우는 뇌의 브로카 영역에서 동일한 부분을 사용하지만, 어른이 되어 배운 경우에는 브로카 영역에서 다른 부분을 사용하는 것으로 나타나

기도 했다.[51]

결정적 시기 이후에 영어를 접해서였을까. 알파벳 'r'과 'l'을 보면 머릿속에 한글자음 'ㄹ'이 떠올랐고, 'f'와 'p'를 보면 'ㅍ'이 생각났다. 이는 외국인들이 우리말의 'ㄸ'와 'ㅌ'를 보고 알파벳 't'를 떠올리는 것과 같은 이치다. 외국인들이 '달', '딸', '탈' 발음을 모두 [탈]에 가깝게 소리 내는 것은 우리가 'right'와 'light'를 [라이트]로 발음하기 쉬운 것과 일맥상통한다. 즉, 의미를 구별하는 최소 음운단위인 음소(phoneme)가 서로 일대일 대응되지 않을 때 우성인 모국어 음소가 열성인 외국어 음소를 이기고 발화될 수밖에 없지 않은가. 하지만, 로봇 선생님의 양방향 인터랙션은 먼저 소리로 외국어 음소 구별을 가능하게 하기 때문에 모국어 음소와 대응시키지 않는다. 즉, 모국어 음소가 방해할 여지를 주지 않는 것이다.

소리로서 외국어를 체득하면 발음을 스펀지와 같이 빨아들이면서 뇌의 작용을 단순화시킬 수 있지 않을까. 영어를 먼저 문자로 익히고 배워 가던 중 음운론을 통해 영어 음운원리를 접하게 되었다. 예를 들어, 's' 바로 뒤의 무성음 p, t, k는 우리말 된소리 [ㅃ] [ㄸ] [ㄲ]에 가깝게 소리 난다는 규칙을 배운 후 'speak(말하다)', 'strike(치다)', 'skip(건너뛰다)'와 같은 단어를 보면 's 다음의 무성음, [ㅃ] [ㄸ] [ㄲ]로!'와 같이 음운규칙을 계산하여 발음하기 시작했다. 그러다보니 영어문장 하나 말하려면, 단어 뜻 생각해내랴, '[θ]는 혀를 내밀고' 음소 하나하나의 발음 신경 쓰랴, 's 다음 무성음 된소리' 음운규칙 계산하라, 전체 의미 생각하라……. 언어관장 뇌 회로들이 과도하게 혹사당하고 있다며 아우성을 치고 있는 것만 같았다. 말하거나 글 쓰는 일은 뇌의 브로카 영역에서, 의미를 이해하는 일은 베르니케 영역에서 담당하듯이 뇌 이곳저곳을 자극하며 뇌 회로들의 값비싼 노동력을 마구잡이로 착취했던 것은 아닐까. 인터랙션을 통해 소리로 외국어를 체득하게 하는 로봇 선생님 덕분에 각 음소의 발음과 음운규칙을 계산하는 뇌 회로는 재충전에 들어갈 수 있을 것이다.

외국어 로봇 선생님의 강점은 여기서 그치지 않는다. 언어학자들에 따르면 외국어 학습자들이 범하는 오류(errors) 사이에도 일정한 순서와 체계가 있다고 한다. 지피지기(知彼知己)면 백전백승(百戰百勝)이라고 했는가. 한 나라의 문화가 송두리째 녹아 있는 외국어를 가르치는 치열한 전투에서 로봇 선생님의 승리는 곧 나의 승리다. 로봇 선생님이 학습자의 오류를 주도면밀하게 분석하고 그에 따른 올바른 피드백(feedback)으로 대항할 수 있을 때 윈-윈(win-win)게임이 가능하다.

여기서 잠깐! 로봇 선생님의 작전 전략으로 이용될 학습자 오류(errors)는 실수(mistakes)와 다르다. 오류는 학습자 나름의 언어체계에 의거해 논리적으로 범하게 되는 것이라면 실수는 이미 가지고 있는 언어능력을 제대로 수행하지 못해서 나타난다. 다시 말해, 오류는 몰라서 범하고 실수는 알지만 발생한다. 조동사 문법 원리를 완전히 체득하지 못해 "Does John can sing?"이라는 비문을 발화했다면 '오류'이고 긴장된 순간 컨디

션이 좋지 않아 머뭇거림, 부자연스러운 혀의 움직임, 비문법적 발화 등이 일어났다면 '실수'이다. 오류는 학습자 스스로 고칠 수 없고 실수는 알아차린 그 순간 바로 수정할 수 있다. 이마를 치며, "Oh! my mistake!"라고 말하지만 "Oh! my error!"라고 하지는 않는다.

외국어(영어) 로봇 선생님의 오류 전략 시나리오 '부정표현(negation) 편'을 구성해 보면 다음과 같다. 학습자들은 1단계에서 'No bicycle. No have any sand. I not like it'과 같이 무조건 no 혹은 not만 붙인다. 2단계에서는 'He don't like it. I don't can sing'과 같이 no와 not이 don't로 대체 되지만 수·인칭·시제에 맞출 줄 모르고 조동사와 함께 사용하는 오류를 범한다. 3단계로 넘어가면 'You cannot go there. He was not happy. She don't like rice'와 같이 be동사 부정표현은 숙지되지만 아직 수·인칭·시제에 따른 don't의 변화는 일어나지 않는다. 드디어 4단계에서 'I didn't went there. She doesn't wants to go'와 같이 don't가 수·인칭·시제에 따라 달라지지만 be동사나 일반 동사에 이중 변화를 주는 고차원적 오류를 범한다. 4단계 과정까지 수료되면 '영어 부정표현 습득과정'을 졸업하게 되는데, 이 과정에서 로봇 선생님은 오류를 단계적으로 진단하면서 수준을 간파할 수 있고, 난이도에 맞는 대화를 이끌며 다음 단계로 유도할 수 있다. 이차방정식은 인수분해를 전제하듯 상위단계 오류 발생은 하위단계 오류 극복을 전제하기 때문이다.

미국의 언어학자 크라센(Krashen)은 인간의 사고 체계 속에 감성여과기(affective filter)라는 장치가 있다는 가설을 세우고 이 필터가 낮아질 때 '외국어'라는 새로운 인풋(input)을 잘 여과할 수 있다고 주장한다. 다시 말해, 외국어 학습 효율은 '그때그때 달라요'인데, 마음이 편하면 높고 불편하면 낮다는 뜻이다. 따라서 36.5도 스토리텔링 옷을 입고 인터랙션으로 감성지수를 높여 주는 로봇 선생님은 두려움, 압박감, 자신감 상실 등에 대한 심리적 장벽을 무너뜨리면서 감성여과기의 필터를 낮춰 준다.

이와 같이 로봇 선생님의 인터랙션의 힘은 실로 대단하다. 외국어를 소리로 인식하게 하고 학습자 수준을 간파한다. 감성여과 장치의 성능도 높인다. 머지않은 미래에 신문 사회면 헤드라인을 장식할 굿모닝 로봇 선생님의 굿(good)뉴스를 상상해본다.

　　"학부모 교육행복지수 'A학점', 일등공신 로봇 선생님"
　　"경기 회생에도 영어 사교육비 폭락, 역시 로봇 선생님의 힘!"
　　"상위권 학생 로봇 인터랙션 하위권의 5.4배"
　　"강북 학생도 기 펴고 살아요⋯⋯ 로봇 선생님, 사교육비 양극화 완화해"
　　"로봇 선생님 없이 망하거나 죽지 않고 살 수 있겠니"
　　"개천에서 나는 용, 로봇 선생님이 키웠다"

온톨로지는 내 운명

　아리스토텔레스는 '갈래(category), 은유(metaphor), 주어(subject)'
와 같은 많은 용어를 개념화시키고 정의내렸다. 이것이 오늘
날 컴퓨터 분야에서 사용하는 온톨로지(Ontology, 존재론)로 연
결된다. 철학에서 사용하는 존재론을 컴퓨터에서 사용하는
이유는 무엇일까? 뇌가 우주의 축소판이고 컴퓨터가 뇌의 축
소판이기 때문이다.[52]

　로봇 선생님은 먹는 '사과'와 미안하다고 하는 '사과'를 구
별할 수 있을까? 온톨로지 마술봉을 들게 되면 가능하다. 그루
버(Thomas Gruber)는 온톨로지를 '공유된 개념화에 대해 정형화
되고 명시적으로 정의된 명세서'라고 정의하였다. 즉, 어떤 낱
말에 대한 뜻과 각 낱말 사이의 관계를 잘 설명한 것이 온톨
로지다. 예를 들어, '아버지'라는 낱말을 설명하려면, '남자,
기혼자, 결혼해 아이를 낳은 사람'이라는 뜻 설명이 필요하고,
'남자', '기혼자', '결혼', '아이'라는 낱말의 구조와 상호관계
를 설명해 둔 내용이 온톨로지인 것이다.[53]

　월드와이드웹(world wide web, www)에서 키워드로 정보를 찾아
주는 검색로봇은 수천수만 건에 이르는 검색결과에 빠져 허우
적거릴 때 구조의 손을 내밀어 줄 수 없다. 키워드가 포함된
텍스트는 잘 불러오지만 정작 필요한 정보가 무엇인지 구별할
줄 모르기 때문이다. '독립운동가'를 찾아 달라고 하면 '유관

순', '윤봉길'보다 '독립운동가'가 포함된 텍스트 찾기에 열을 올린다. 알맹이는 못보고 껍데기로만 찾다 보니 '대학생선교회'라는 키워드를 입력하면 '대학생' 이나 '선교회' 관련 문서 뿐 아니라 '생선' 관련 정보도 가져온다. 하지만, 온톨로지는 독립운동가 카테고리에 있는 '유관순', '윤봉길'을 뽑아내고, '대학생선교회'를 '대학생', '연합모임', '선교활동' 개념으로 정의하기 때문에 전혀 관련 없는 '생선'이 등장할 일은 없다.

물론 우리는 영국의 컴퓨터 과학자 팀 버너스 리(Timothy Berners Lee)가 1989년 월드와이드웹의 하이퍼텍스트 시스템을 고안하면서 웹으로 전 세계가 하나로 연결되는 새로운 디지털 혁명을 맞이할 수 있었다. 인터넷에 존재하는 광범위한 정보 공간 월드와이드웹에서 세계 각국의 홈페이지 방문, 이메일 연락, 인터넷 뱅킹, 인터넷 쇼핑 등이 가능하게 되면서 송두리째 바뀐 새로운 세계를 경험했기 때문이다. 또한, 실시간 검색 순위, 자동검색 기능, 검색랭킹 등의 통계로 네티즌들의 주요 관심사 및 사회 전반의 핫 이슈까지 파악할 수 있는 것도 양적 문서 텍스트의 키워드를 수치화할 수 있는 월드와이드웹에서 가능하다.

그런데 최근 팀 버너스 리는 대중이 찾는 가치 있는 문서를 넘어서 개인이 필요한 자료를 찾아주는 검색엔진으로 숨은 자료를 활용하는 시맨틱웹 기술 표준화에 힘쓰고 있다. 그는 '시맨틱웹이란 현재 웹의 확장으로 잘 정의된 의미를 제공함으로써 사람과 컴퓨터가 좀 더 협력을 할 수 있는 웹'이라고 설명한다. 즉, 인간의 세밀한 관여 없이 기계 스스로가 자동으로 일을 처리하는 지능화된 웹을 의미한다. 예를 들어, 똑같은 제목으로 영화 <춘향전>에 관한 내용을 담은 글이라 하더라도 숨은 자료를 이용해 이 문서가 1970년대 이전의 영화를 다루고 있는 문서인지, 2000년대 이후의 춘향전 영화를 다루고 있는 문서인지 알 수 있다. 문서 안에 감독 이야기가 없더라도 임권택 감독의 <춘향전>에 대한 영화평인지 다른 감독의 <춘향전>에 대한 영화평인지도 알 수 있는 것이다.[54] 여기서 중요한 것은, 숨은 자료를 활용하는 시맨틱웹을 구현하기 위해서는 컴퓨터가 이해할 수 있는 언어로 웹이 구성되어야 하는데 이때 필요한 기술이 바로 온톨로지인 것이다.

웹의 표준을 개발하고 장려하기 위해 팀 버너스 리에 의해 설립된 월드와이드웹 컨소시엄(W3C: World Wide Web Consortium)에서뿐 아니라 지적 활동, 과학기술, 경제활동 분야의 세계 상호 간 협력 발전을 위해 설립된 국제표준화기구(ISO: International Organization for Standardization)에서도 시맨틱웹의 근간이 되는 온톨로지 표준화를 위해 힘쓰고 있다. 국제표준화기구(ISO) 전문용어 및 기타언어자원 분과(TC37) 부의장을 역임하고 있는 KAIST 전산학과 최기선 교수는 언론과의 인터뷰에서, "현재와 같은 디지털 사회에서는 세계적인 전문용어의 표준 방향도 온톨로지를 위한 표준으로 발전해야만 합니다. 국내에서는 물론 세계에서조차도 시맨틱웹 표준은 아직 만들어지지 못했습니다. 주인이 없는 셈이죠. 앞으로 국내에서 시맨틱웹 표준과

관련된 붐을 일으키기 위한 작업에 착수할 것이고, 추후 국내에서 만들어진 표준을 직접적으로 세계 표준으로 만들 수 있도록 역할을 해 나가겠습니다. 필요하다면 월드와이드웹 컨소시엄과도 적극적으로 파트너십을 맺고 협력할 생각입니다."라고 말했다.

지난 20년 동안 월드와이드웹으로 인해 정보를 얻는 법, 소비하고 지출하는 법, 심지어 사람을 사귀고 사랑하는 법까지 달라진 것처럼, 국제표준화기구와 월드와이드웹 컨소시엄과 같은 국제기구에서 적극 추진하고 있는 온톨로지로 인해 우리 삶에 디지털혁명 물결이 또 한 번 거세게 일어나게 될 것이다. 따라서 로봇 선생님이 변화의 주역으로서 혁명적 신기술 온톨로지로 무장되어 차세대 교육을 이끌어 간다면, 시대 흐름을 선도하며 변화에 신속히 대응하는 미래지향적 교사가 될 수 있지 않을까.

로봇 선생님이 온톨로지 마술봉을 들게 되면 텍스트뿐 아니라 동영상, 이미지, 영화나 드라마와 같은 다양한 멀티미디어 자료까지 의미관계를 통해 연결할 수 있다. 예를 들어, 온톨로지는 'loquacious(수다스러운)'을 'words(말)', 'talkative(말이 많은)', 'succinct(간결한)'를 이용하여 'words가 많은, talkative보다 심한, succinct와 반대'로 설명할 수 있다. 또한, words, talkative, succinct 와 loquacious 관련 이미지와 동영상도 연결하면서 'l.o.q.u.a.c.i.o.u.s.는 수다스러운, 수다스러운'의 단순암기 '지식기억'이 아닌 'loquacious는 너무 시끄러워'를 느낄 수 있는 '경험기억'으로 저장하게 해 준다. 사실 우리가 한국어 단어 '공포'에는 두려움에 휩싸여 떨던 생각을 떠올리지만, 영어의 'fear(공포)'에는 그 느낌 자체를 떠올리기보다 'fear의 뜻은 공포'라는 해석을 떠올린다. 이는 'fear'를 경험기억이 아닌 지식기억으로 저장했기 때문이다. 하지만 온톨로지 로봇 선생님은 'fear'를 체험할 디지털 스토리텔링 멀티미디어 소스를 제공하면서 온몸이 오싹해지도록 만들 수 있다.

또한, 온톨로지 로봇 선생님은 학습자 약점에 대한 역발상으로 강점을 확보할 수 있게 해 준다. "우리가 산유국이었다면 세계 최고의 유조선을 만들 수 있었을까? 우리에게 저가제품이라는 설움이 없었더라면 세계 1등 브랜드가 나올 수 있었을까? 우리가 빨리빨리를 외치지 않았더라면 디지털 강국이 될 수 있었을까? 할 수 있습니다. 그래서 대한민국입니다"라는 공익광고 카피처럼 약점을 뒤집어 강점으로 만들게 하는 것이다. 즉, 게임광은 게임으로, 영화광은 영화로, 채팅광은 채팅으로, 블로그광은 블로그로 학습할 수 있는 통로가 되어 준다.

KAIST 전산학과 '시맨틱웹첨단연구센터'에서는 PC, PDA, MP3 플레이어와 같은 IT기기의 다양한 기능과 특징을 표현하고 기기 사용자들의 목적, 의도, 필요성 그리고 감정까지 논리적 관계로 연결하는 '코어(core) 온톨로지' 국책 프로젝트에 박차를 가하고 있다. 즉, 온톨로지의 풍부한 관계를 이용하여 IT장비 기능과 사용자 생활방식을 통합한 '코어(core) 온톨로지: IT Life'를 구축하는 것이다. 예를 들어, 전화통신은 두 에

이전트가 각각의 위치에 있고 둘 사이의 정보가 이동하며 접촉(contact)을 가능하게 하면서 친밀감을 느끼게 해 준다. 하지만 웹브라우징(web browsing)은 고정된 사용자가 가상공간(cyberspace)라는 공공장소에서 에이전트를 만나 정보를 교환하면서 놀라움, 호기심, 흥분을 느낄 수 있게 해 준다. 그런데 PDA의 경우 전화와 웹브라우징의 기능을 모두 가지고 있기 때문에 사용자가 연결 기능(connector)과 탐험 기능(explorer)을 인지적으로 교차 경험할 수 있게 한다.

만일 시맨틱웹첨단연구센터에서 연구 중인 IT기기의 다양한 기능이 로봇 선생님에게 탑재된다면 학습자의 목적, 의도, 필요성, 그리고 감정까지 연결하는 '코어(core) 온톨로지: Educational Life'를 구축할 수 있지 않을까. 예를 들어, 학습자의 호기심, 놀라움, 모험심은 웹브라우징의 탐험 기능(explorer)으로, 친밀감과 사교성은 채팅의 연결 기능(connector)으로, 즐거움과 흥미로움은 게임의 오락 기능(entertainer)으로 만족시키며 로봇 선생님의 교육 기능(educator)을 극대화시키는 것이다.

온톨로지 로봇 선생님의 활약은 여기서 그치지 않는다. 로봇 선생님이 온톨로지 마술봉을 들게 되면 논리가 술술 풀리는 '마법논술 X파일'이 만들어진다. 온톨로지의 핵심이 바로 '논리적 관계 연결'이기 때문이다. 논술이 무(無)에서 유(有)를 창조하는 예술과 다른 점은 문제의 원인, 결과, 해결책을 논리적으로 풀어 가는 것이라고 한다. 전문가들은 예술 분야에서 상상의 날개를 펴는 능력은 '발산적 창의성'이고,

논술에서 정보를 응용하여 새로운 가치를 부여하는 능력은 '수렴적 창의성'이라고 한다. 온톨로지 로봇 선생님은 나뭇가지처럼 산발적으로 뻗어 있는 생각의 갈래들이 논리적 개연성으로 연결되어 하나의 큰 줄기로 수렴하는 도식을 보여 주면서 수렴적 창의성 발달에 영향을 끼칠 수 있다. 예를 들어, 온톨로지 로봇 선생님이 최근 신문기사 데이터베이스를 저장하고 있다면 다음 사건들이 하나의 줄기로 수렴하는 과정을 도식화할 수 있다.

(사건 1) 국토대장정에 참가한 대학생이 숨졌다.
(사건 2) 문화계에 '엄마 신드롬'이 불고 있다.
(사건 3) 로스쿨 없는 대학의 법학과 경쟁률이 상승했다.

사건들 간의 개연성이 표면적으로 드러나 있지 않다. 언뜻 보기에는 전혀 상관이 없는 사건들인 것 같다. 하지만 온톨로지 로봇 선생님은 사건 배후의 논리 관계를 술술 풀어 가며 하나로 통합될 큰 줄기를 찾아 준다.

(사건1) : 국토대장정 참가 대학생 사망 → 【원인】 국토대장정 무리하게 참가 → 【원인】 이력서 한 줄이라도 더 채우고자 애씀 → 【원인】 경력 관리 중요 → 【원인】 대졸 취업난 심각 → 【원인】 경기침체 악화

(사건2) : 문화계 불고 있는 '엄마 신드롬' (예: 장편소설 『엄마를 부탁해』 베스트셀러 등극, 연극 <잘 자요, 엄마> 매진사례, 연극 <친정엄마와 2박3일> 인기 고공행진, 드라마 <엄마가 뿔났다> 폭발적 인기 '엄뿔' 신조어 탄생) → 【원인】 따뜻한 모성애 느낄 수 있는 작품 인기 → 【원인】 위안 얻으려는 대중심리 고조 → 【원인】 심리적 공황상태 → 【원인】 경제적 압박감 → 【원인】 경기침체 악화

(사건3) : 로스쿨 없는 대학 법학과 경쟁률 상승 → 【원인】 공무원 지망생 법대 몰림(부연: 공무원 시험 준비에 법대 유리) → 【원인】 공무원 지망생 급증 → 【원인】 대졸 취업난 심각 → 【원인】 경기침체 악화

서로 다른 영역에서 산발적으로 일어난 세 사건들이 '경기침체 악화'라는 하나의 원인으로 귀결되도록 논리 관계 고리를 연결해 주었다. '원인-결과'이외의 풍부한 관계연결도 가능하기 때문에, 단순하게 흐르는 '논리사슬'이 아닌 복잡하게 얽힌 '논리그물'을 형성한다. 각종 관계로 얽히고설켜 풀면 풀수록 논리가 풀리고 세상이 풀리는 로봇 선생님의 '논리그물'이야말로 수렴적 창의성을 키워주는 진정한 '마법논술 X파일'이 아닐까.

인간 뇌의 축소판인 온톨로지는 인간의 인지작용을 기술하고 있기 때문에 그 흐름에 따르는 것이 곧 자연의 섭리를 따

르는 것이다. 온톨로지가 제공하는 개념 간의 분류 체계 및 상관관계는 우리 뇌 속에서 흐르고 있는 개념들의 관계를 그대로 기술한 것이다. 따라서 외국어 단어를 익힐 때 온톨로지를 이용하면 사고의 흐름을 타면서 자연스럽게 단어의 의미를 파악할 수 있다. 예를 들어, 온톨로지 로봇 선생님은 다음과 같은 단어 관계를 추론할 수 있다.

(1) dodder(비틀거리다) : unsteady(불안정한)

(2) cavort(뛰어다니다) : sprightly(활기찬)

(3) saunter(어슬렁거리다) : slow(느린)

(4) limp(절뚝거리다) : uneven(한결같지 않은)

위의 A : B는 B가 A의 특징을 말해 주는 관계이다. 또한 A의 단어들은 모두 '걷다(walk)'의 하위어로서 다양하게 걷는 모습을 나타낸다. 그렇다면, 아래 예는 어떤 관계로 연결되었을까?

(1) limp(절뚝거리다) : walk(걷다) = stutter(더듬거리다) : talk(말하다)

(2) waddle(뒤뚱거리다) : duck(오리) = slither(미끄러져 가다) : snake(뱀)

예문(1)의 A : B 는 상·하위 관계이고 양쪽 A 모두 '한결같지 않은(uneven)'의 특징을 가지고 있다. 따라서 관계 등식이 성립한다. 예문(2)의 B는 A의 주체이고 A는 B가 걷는 모습을 나타낸다. 즉, '걷다(walk)'라는 단어 하나를 통해 하위관계에 있는 다양한 걷는 모습, 각각의 특징 그리고 그 모습의 주체까지 연관시키면서 의미 기반 단어학습이 가능하다.

이와 같이 온톨로지 로봇 선생님은 단어 하나에 수많은 관계회로를 연결하여 복잡한 관계그물망을 형성할 수 있다. 학습자가 이 관계망을 하나씩 풀어가며 외국어를 배울 때 '의미의 앞뒤 연결'인 '문맥(context)'을 파악하게 되어 단어를 자연스럽게 체득할 수 있다. 단어와 뜻을 일대일 대응시켜 달달달 암기하는 것보다 독해과정에서 문맥을 통해 익히는 것이 더 효과적인 것과 같은 이치다.

온톨로지가 로봇 선생님의 운명일 수밖에 없는 결정적인 이유는 인간의 창의력과 상상력으로 실현되는 인간 고유의 인지 능력인 '은유'의 추론까지 가능하기 때문이다. 스페인의 철학자이며 작가인 호세 오르테는 은유를 '창조 행위에 꼭 필요한 도구'라고 말하며 외과 의사가 메스 없이 수술을 할 수 없듯이 인간도 은유 없이는 어떠한 창조적 행위도 할 수 없다고 말한다. 창의력의 모태인 은유를 추론할 수 있다는 것은 다시 말해 추론된 은유로 인간의 창의력을 발달시킬 수 있다는 것을 의미한다. '주입식·암기식 교육 일번지'라는 오명에서 벗어나기 위해 로봇 선생님의 창의력 개발 프로그램을 십분 활용해 보는 것은 어떨까.

「하우넷 기반 은유 온톨로지 구축」[55])에서는 은유와 온톨로지의 만남을 다음과 같이 정의하고 있다. 첫째, 은유는 창의력과 상상력을 발휘해 현실을 초월하게 하는 언어의 도구이다. 온톨로지는 웹에서 사용되는 논리적인 시스템 언어이다. 따라서 은유 온톨로지는 인간의 창의력과 상상력이 반영된 논리적인 웹언어이다. 둘째, 은유는 상이한 두 관념을 비교하여 공통점을 추론하는 유사성 발견 능력의 도구이다. 온톨로지는 공유된 개념을 정형화하고 명시적으로 기술하는 것이다. 따라서 은유 온톨로지는 유사성이 공유된 두 개념 사이의 정형적, 명시적 명세라고 할 수 있다. 셋째, 은유는 인간의 사고와 정서를 개념화·분류화·범주화하는 작업이다. 온톨로지는 의미 구조의 계층을 표현하고 추론을 위한 규칙을 세우는 작업이다. 따라서 은유 온톨로지는 인지기능이 반영된 계층 분류의 체계를 세우고 추론 규칙을 설계하는 작업의 결과다.

따라서 로봇 선생님이 은유 온톨로지 마술봉을 든다면 인간의 창의력과 상상력이 반영된 논리적 웹언어로 유사성이 공유된 두 개념을 명시적으로 기술하면서 은유를 추론할 수 있는 체계와 규칙을 세우게 된다. 「동시(童詩)에 나타난 은유의 추론」[56] 연구를 진행하면서 온톨로지 시스템이 실제로 추론한 은유의 예를 들자면 다음과 같다. 따라서 로봇 선생님이 온톨로지를 운명처럼 받아들일 때 다음과 같은 창의적 산물을 도출할 수 있다.

'하늘'은 → '물뿌리개': 씨앗들에게 물을 뿌림

'해'는 → '미용사': 나무들의 머리를 파마해 놓음

'책'은 → '자석': 우리 마음과 생각을 끌어당김

'세탁기'는 → '도둑': 옷에 있는 먼지를 뺏어감

'어머니'는 → '보자기': 아픔과 상처를 싸매주심

'가을'은 → '화가': 빨간 물감으로 잎과 열매 칠함

'가을'은 → '도둑': 나무들의 푸른 옷을 빼앗아감

'가을'은 → '명령자': 나무들에게 빨간색 옷으로 갈아
입을 것을 명령함

'달팽이'는 → '명상가': 온종일 동그란 집 속에서 웅크리
고 생각에 잠겨 있음

로봇 선생님의 은유 추론에는 납득되는 '논리'와 공감되는
'스토리'가 공존한다. '온톨로지 논리'와 '인간 상상력'의 합작
품이기 때문이다. 로봇 선생님의 은유 사전 시스템은 스토리
텔링 소스를 무상 대출해 주는 상상력·창의력 뱅크다. 위의
예시에서와 같이, 추상적으로만 그려지는 '가을'이 맑게 갠 공
원에서 턱수염 난 화가 아저씨처럼 팔레트에 위 빨간 물감을
붓으로 콕콕 찍어 나뭇잎과 열매에 콧노래 부르며 칠하는 모
습, 복면한 도둑이 되어 나무들이 입고 있는 푸른색 옷을 벗겨
서 훔치고는 36계 줄행랑치는 모습, 근엄한 상사의 모습으로
나무들에게 푸른색 옷을 당장 벗고 빨간색으로 갈아입으라고
단호히 명령하는 모습이 떠오른다. 좀처럼 외부 세상과 인터

랙션하지 않는 달팽이가 온종일 웅크리고 생각에 잠겼다가 살며시 고개 들어 "난, 명상가야"라고 신분을 밝히고 심오한 명언 한마디씩 건네는 모습, 꽃밭에 누워 있는 씨앗들이 목마르다고 아우성치면 물뿌리개로 변신한 하늘이 구멍 뚫린 팔로 단비를 내려 주는 모습, 소녀의 생각과 마음을 자석과 같이 강력하게 끌어당겨 책 속에 펼쳐지는 매혹의 세계로 빠져들게 하는 모습을 상상해 볼 수 있다.

여기서 한걸음 더 나아가면 '언어의 건축'으로 불리는 시(詩)를 쓰는 것도 가능하지 않을까? 은유는 한 개념이 다른 개념과 새로운 관계를 맺으며 재생되는 생명력이기 때문에 은유로 건축된 시는 생동감이 넘친다. 은유란 무엇인가? 정의 내릴 때 사용되는 "내 마음은 호수요(…) 내 마음은 촛불이요(…) 내 마음은 나그네요(…) 내 마음은 낙엽이요"라는 문장도 김동명 시인의 '내 마음은'이라는 시의 일부다. 즉, 은유와 시는 불가분의 운명 공동체다.

하지만 로봇 선생님의 시는 단순한 은유의 조합일 뿐 그 이상은 아니다. 장석주 시인은 "시를 안다는 것은 곧 우주를 아는 것이다. 그러니 시는 삶이라는 유산에서 나오는 금리로는 얻을 수 없다. 시는 한 줄의 영감(靈感)을 위해 그 유산의 전부를 요구한다. 시는 재능만이 아니라 한 사람이 가진 것의 전체, 기회들과 열정과 목숨을 요구한다. 그 모든 걸 바쳤다고 해도 얻는 건 없다"라고 말한다. 즉, 시를 쓰는 일은 누구나 할 수 있지만 결코 누구나 할 수 없다. 이것이 바로 로봇 선생님의 시가 기대되면서도 기대되지 않는 이유다.

하지만 온톨로지가 로봇 선생님의 운명인 것만은 틀림없다. 훌륭한 코치는 선수 이상의 기량을 가진 사람이 아닌 선수의 기량을 최고조로 끌어올릴 수 있는 사람이듯, 로봇 선생님의 소임은 인간의 시에 범접할 만큼의 탁월한 재능을 보유하는 것이 아닌, 무지몽매한 순결함으로 창조 행위에 자신을 던지는 사람에게 한 줄의 영감(靈感)이라도 주는 것이기 때문이다.

에필로그: 통합을 넘어 융합으로

　고등학교 2학년 때 문과와 이과로 갈린 후 문과 쪽 사람들은 기계나 과학 원리에 대해 점점 무지해지고 이과 쪽 사람들은 인문학 또는 시사적 지식에 거의 관심을 두지 않고 살아간다. 그런데 세상은 그렇게 문과와 이과로 분리돼 작동되고 있을까? 아인슈타인은 평생에 걸쳐 역사·문학·철학서를 탐독했으며, 닐 보어는 고대 신학의 딜레마를 숙고하다가 '상보성' 개념에 이르렀고, 하이젠베르크는 괴테를 읽으며 양자 역할 이론을 발전시켰다.[57]

　세상이 문과와 이과로 분리돼 작동되지 않듯 교육(敎育)에도 컨버전스(convergence)가 필요하다. 세계적인 지휘자 주세페

시노폴리(Giuseppe Sinopoli)는 고고학자이자 정신분석학 전문의로서 학문적 지식을 음악 해석에 적극 반영하여 음표와 음표와의 관계, 쉼표와 쉼표 사이의 허공에서 끊임없이 심리학적 탐구와 고고학 전문가다운 끈기 있고 세심한 탐사에 열중하였다.[58]

로봇 선생님은 물리적 혼합이 아닌 화학적 결합으로 교육의 컨버전스를 이루어 가는 매개체다. 친근감 유발, 생명체로의 인식과 같이 로봇 자체가 가진 상호작용성은 스토리텔링의 몰입이 야기하는 인터랙션과 외국어 학습이 유도하는 양방향 커뮤니케이션을 하나로 통섭하면서 '로봇 선생님 인터랙션'이라는 새로운 화합물을 만든다. 즉, 로봇 인터랙션, 스토리텔링 인터랙션, 커뮤니케이션 인터랙션이라는 인풋(input)이 로봇 선생님이라는 매개체로 입력된 후 화학적으로 결합되어 '로봇 선생님 인터랙션'이라는 새로운 아웃풋(output)을 출력하는 것이다. 이 아웃풋은 내적동기 자극과 창의력 개발, 소리로 익히는 외국어, 학습자 수준 및 난이도 간파, 감성여과 장치 성능 향상 등과 같은 시너지 효과를 창출하며 교감지수를 높인다.

온톨로지의 관계그물은 로봇 선생님을 매개로 세상의 모든 지식을 통합하면서 '마법논술 X파일'로 융합되고 외국어 단어망과 의미의 앞뒤 연결인 '문맥(context)'을 산출한다. 온톨로지가 로봇 선생님의 스토리텔링 소스와 외국어 학습 콘텐츠를 결합하는 화학반응이 일어나면 학습자의 경험기억이 높아져 뇌세포의 새로운 회로 구축과 함께 신경세포끼리 손잡는 네트워크 형성이 활발해진다. 인문학의 은유와 공학의 온톨로지가 결합된 '은유 온톨로지'가 고등학교 2학년 이후 결별을 선언한 문과와 이과의 통합이라면, 로봇 선생님을 매개로 문을 열게 된 '은유 추론 상상력·창의력 뱅크'는 온톨로지와 교육 사이의 진정한 융합이 아닐까. 통합을 넘어 융합으로 어우러지는 교육 컨버전스를 기대해 본다.

주

1) '다이주조'라고도 하며, 구리·납·주석·알루미늄 따위를 녹인 후 강철로 제조된 거푸집에 눌러서 넣는 주조(鑄造) 방법을 뜻한다. 금속제의 주형을 반복하여 주조에 사용할 수 있어서 기술적으로 대량생산에 알맞다. 주조된 제품의 표면이 매끄럽고 치수의 정밀도가 높으며, 자동차, 타자기, 사진기 따위의 부품을 만들 때 주로 쓰인다.

2) http://www.mdtoday.co.kr/mdtoday/index.html?no=64388

3) 도지마와코, 조성구 옮김, 『로봇시대』, 사이언스북스, 2001, 34쪽.

4) http://news.chosun.com/site/data/html_dir/2009/01/18/2009011800835.html

5) 인간과 똑같은 모습을 하고 인간과 닮은 행동을 하는 로봇. 또는 그런 지적(知的) 생명체. 공상과학 소설 따위에 등장하는 인조인간을 이른다.

6) 도지마와코, 조성구 옮김, 앞의 책, 204쪽.

7) 씨앗키즈는 미국, 유럽에서 주목받고 있는 찰스 버넷(Charles Burnette) 박사의 'Thinking Brain 프로젝트' 학습법을 국내 실정에 맞춰 사이버 캐릭터와 함께 과제를 해결하는 방식의 온라인 프로그램으로 처음 개발하였다. 미국의 교육개혁 프로젝트인 '에디슨 프로젝트'에 주도적으로 참여했던 찰스 버넷 박사의 'Thinking Brain 프로젝트' 학습법은 평소 아이들의 '왜'라는 호기심에서 출발, 보여 주기 식의 기존 유아 프로젝트 학습법과는 달리 요즘 아이들의 실제 생활환경에 토대를 두고 있어 현실감이 뛰어나다. 씨앗키즈의 가장 큰 특징은 언어, 수리 등 단편적인 지식보다는 파티 초대, 눈 치우기, 등산하기, 축구 등 실생활 중심의 체험학습 프로젝트를 통해 종합적인 사고력을 갖출 수 있는 신개념 유아교육 프로그램이란 점이다. (http://www.siatkids.com)

8) 차일드에듀는 교육과학기술부의 유치원 교육과정을 기반으로 유아교육 전공의 교수진들이 개발 및 제작하여 유아의 발달단계에 맞는 유아 영어를 인터넷으로 쉽게 접근하도록 구성되어있는 영어 학습 사이트다. 영어를 처음 시작하는 어린 유

아부터 초등 저학년 어린이까지 5단계에 걸쳐 활용할 수 있는 영어 활동 콘텐츠를 제공하고, 저널을 확장, 연계하는 이야기, 게임, 노래, 파닉스(phonics) 등의 다양한 형태의 멀티미디어 활동은 아이들이 콘텐츠를 반복하여 익히도록 유도한다. (http://www.childedu.net)

9) 아이잉글리쉬는 '아이꿈' 온라인 학습 사이트의 '영어나라' 콘텐츠로서 세계적으로 널리 알려진 명작동화를 친근하게 접할 수 있도록 하고, 이야기를 듣고 말하면서 일상에서 활용하도록 하는 데 목표를 두고 있다. 파닉스(phonics)와 다양한 활동(activity)을 통해 동화 속 본문을 복습 및 심화학습할 수 있고, 이북(e-book) 동화, 노래와 찬트(song & chant), 퍼즐, 색칠놀이 등을 통해 학습할 수 있다. (http://www.i-kkum.com)

10) Light-Emitting Diode의 약자로 '발광다이오드'라고 불리며 전압을 가했을 때 발광하는 반도체 소자이다. 백열전구보다 수명이 상당히 길어 다양한 용도로 사용되고 있으며, 향후 형광등이나 전구를 대체할 광원으로 기대되고 있다.

11) 공병호 외, 『거스 히딩크, 열정으로 승부하라』, 2002, 샘터사.

12) 액션을 과장한 희극을 뜻한다. 요란하게 수선을 떨거나 광대 짓을 함으로써 웃음을 유발하는 코미디의 한 장르이다.

13) http://robot.mokwon.ac.kr/cgi-bin/read.cgi?board=ir_robot&y_number=238

14) 도지마와코, 조성구 옮김, 앞의 책, 196쪽.

15) 차진성, "일본, 세계 최초로 미각(味覺) 로봇 개발", KOTRA, 2005.

16) http://blog.naver.com/boyanie/70004137615

17) 『글로벌동향브리핑(GTB)』, KISTI, 2007.

18) 「월간 로봇」, 2009.1.19.

19) 하워드 가드너, 문용린·유경재 옮김, 『다중지능』, 웅진지식하우스, 2006.

20) 위의 책, 37~38쪽.

21) http://metioworld.com

22) http://blog.naver.com/johan55kr?Redirect=Log&dogNo=50037206758

23) 도지마와코, 조성구 옮김, 앞의 책, 42쪽.

24) 위의 책, 42쪽.

25) 배일한, 『인터넷 다음은 로봇이다』, 동아시아, 2003, 69쪽.

26) 위의 책, 69쪽.

27) 하워드 가드너, 문용린·유경재 옮김, 앞의 책.

28) 오시마 기요시, 서덕빈 옮김, 『죽어가는 뇌를 자극하라』, 평
    단, 2004, 97쪽.

29) 위의 책, 97쪽.

30) 하워드 가드너의 다중지능 중 음악지능은 멜로디, 박자 등의
    인식력, 악기와 악보 인식력, 작곡의 원리 인식력, 곡의 장르
    와 내용 인식력 등을 의미한다. 신체운동지능은 힘, 리듬, 속
    도 등 운동에 필요한 요소 인식력, 손의 기능과 적절한 사용
    법 인식력, 신체 동작의 다양한 상징 인식력 등으로 구성된다.
    논리수학지능은 수의 개념을 인식하고 부호화하는 능력, 인
    과 관계의 의미 인식력, 진술문 또는 명제 인식력 등으로 분
    류될 수 있다. 언어지능은 문법과 어휘 인식력, 글로써 논리
    적 맥락을 부여하는 능력, 글의 맥락과 논리적 흐름을 파악하
    는 능력, 듣기에 필요한 요소 인식력 등이다. 공간지능은 원
    근, 방향, 길이 등 공간에 포함된 요소 인식력, 평면 예술에서
    의 다양한 공간 요소 인식력, 공간 속에 포함된 요소 인식력
    등으로 구성된다. 인간친화지능은 타인을 이해하는 데 필요
    한 요소 인식력, 집단의 특성을 인식하는데 필요한 요소 인식
    력이며, 자기성찰지능은 자기감정에 대한 인식력, 자신의 능
    력에 대한 인식력, 자신의 미래에 대한 인식력으로 구성된다.
    자연친화 지능은 동식물, 광물을 분류하고 특징을 파악할 수
    있는 능력이다. (문용린, 『지력혁명』, 비즈니스북스, 2004.)

31) 하워드 가드너, 문용린·유경재 옮김, 앞의 책, 28쪽.

32) 위의 책, 29쪽.

33) 문용린, 『지력혁명』, 비즈니스북스, 2004, 92쪽.

34) 하워드 가드너, 문용린·유경재 옮김, 앞의 책, 32쪽.

35) 다른 분야에서는 부진한 능력을 보이지만 무작위로 뽑은 지
    난 3세기 동안의 특정한 날의 요일을 알아맞히거나 굳이 기
    억하지 않아도 될 숫자들을 기억하는 등 계산만 정확하고 빠

르게 하는 사람을 뜻한다. 이들은 어린 시절부터 물건의 수를 세는 것을 좋아하고 숫자에 놀랄만한 관심을 가지지만 다른 분야에는 능력은커녕 호기심조차 갖지 않는다. (문용린, 『지력혁명』, 비즈니스북스, 2004, 82쪽.)

36) 공병호, 앞의 책 참고.

37) 하워드 가드너, 문용린·유경재 옮김, 앞의 책, 34쪽.

38) 문용린, 앞의 책, 109~110쪽.

39) 김병준, 「아동과 홈로봇 상호작용 분석」, 청주대학교, 2005.

40) inter(상호)+action(동작)의 뜻으로 커뮤니케이션 뿐 아니라 행위나 동작까지 서로 전달하며 원인과 결과가 될 수 있는 상호작용을 뜻한다.

41) 김수정 외, 「교사 보조 로봇의 교육적 활용」, 한국정보교육학회, 2005.

42) 송인섭, 『공부, 네 안에 있는 춤추는 동기를 찾아라』, 대교북스캔, 2008, 26쪽.

43) PISA(Programme for International Student Assessment). OECD에서 의무교육을 마친 만 15세 학생을 대상으로 학교에서 배운 지식을 실생활 상황과 목적에 맞게 활용할 수 있는 기본적 소양이 있는지 파악하기 위해 읽기·수학·과학 분야 별로 평가하는 '학업 성취도 국제 학력평가'를 뜻한다.

44) 오만석 외, 『교육열의 사회문화적 구조』, 한국정신문화연구원, 2000, 58~95쪽 참고.

45) 송인섭, 앞의 책, 49~50쪽.

46) http://www.fnn.co.kr/content.asp?aid=aa4f7c1adeaa47d2b102c626227f6633

47) http://spn.edaily.co.kr/

48) 공병호, 앞의 책, 92쪽.

49) 배일한, 앞의 책, 233쪽.

50) '결정적 시기 가설 (The Critical Period Hypothesis)'은 1967년 미국의 언어학자 에릭 레너버그의 『언어의 생물학적 기초』에서 처음 제기되었다.

51) 공병호, 앞의 책, 33쪽.

52) 김중태, 『웹2.0 시대의 기회, 시맨틱웹』, 디지털미디어리서치, 2006, 94쪽.

53) 위의 책, 95쪽.

54) 위의 책, 122쪽.

55) 안동근, 「하우넷 기반 은유 온톨로지 구축」, KAIST, 2007.

56) 안동근·최기선, 「동시(童詩)에 나타난 은유의 추론」, 담화인지언어학회, 2006.

57) http://www.kukinews.com/news2/index.asp

58) http://blog.naver.com/zeppelinee?Redirect=Log&dogNo=110023002547

참고문헌

단행본

공병호, 『영어만은 꼭 유산으로 물려주자』, 21세기북스, 2006.

공병호 외, 『거스 히딩크, 열정으로 승부하라』, 샘터사, 2002.

김중태, 『웹2.0 시대의 기회, 시맨틱웹』, 디지털미디어리서치, 2006.

도지마와코, 조성구 옮김, 『로봇시대』, 사이언스북스, 2001.

문용린, 『지력혁명』, 비즈니스북스, 2004.

배일한, 『인터넷 다음은 로봇이다』, 동아시아, 2003.

송인섭, 『공부, 네 안에 있는 춤추는 동기를 찾아라』, 대교북스캔, 2008.

오만석 외, 『교육열의 사회문화적 구조』, 한국정신문화연구원, 2000.

오시마기요시, 서덕빈 옮김, 『죽어가는 뇌를 자극하라』, 평단, 2004.

하워드 가드너, 문용린·유경재 옮김, 『다중지능』, 웅진지식하우스, 2006.

H. Douglas Brown, *Principles of Language Learning and Teaching*, Longman, 2000.

Patsy M. Lightbown and Nina Spada, *How Language are Learned*, Oxford University Press, 2003.

논문 및 보고서

김병준, 「아동과 홈로봇 상호작용 분석」, 청주대학교, 2005.

김수정 외, 「교사 보조 로봇의 교육적 활용」, 한국정보교육학회, 2005.

안동근·최기선, 「동시(童詩)에 나타난 은유의 추론」, 담화인지언어학회, 2006.

안동근, 「하우넷 기반 은유 온톨로지 구축」, KAIST, 2007.

차진성, "일본, 세계 최초로 미각(味覺) 로봇 개발", KOTRA, 2005.

웹사이트

http://www.mdtoday.co.kr/mdtoday/index.html?no=64388

http://news.chosun.com/site/data/html_dir/2009/01/18/2009011800835. html

http://blog.naver.com/boyanie/70004137615

http://metioworld.com

http://blog.naver.com/johan55kr?Redirect=Log&logNo=50037206758

http://www.fnn.co.kr/content.asp?aid=aa4f7c1adeaa47d2b102c626227f 6633

http://spn.edaily.co.kr/

http://robot.mokwon.ac.kr/cgi-bin/read.cgi?board=ir_robot&y_number =238

http://www.kukinews.com/news2/index.asp

http://blog.naver.com/zeppelinee?Redirect=Log&logNo=110023002547

로봇 선생님 가라사대 로봇과 교육혁명

초판발행 2009년 4월 10일 | 2쇄발행 2009년 8월 1일
지은이 안동근
펴낸이 심만수 | 펴낸곳 (주)살림출판사
출판등록 1989년 11월 1일 제9-210호

주소 413-756 경기도 파주시 교하읍 문발리 파주출판도시 522-2
전화번호 영업 · (031)955-1350   기획편집 · (031)955-1357
팩스 (031)955-1355
이메일 book@sallimbooks.com
홈페이지 http://www.sallimbooks.com

ISBN 978-89-522-1127-9 04080
      89-522-0096-9 04080 (세트)

* 잘못된 책은 구입하신 서점에서 바꾸어 드립니다.
* 저자와의 협의에 의해 인지를 생략합니다.

기획 김탁환
책임편집·교정 정회엽

값 9,800원